U0518486

ANTES DEL FIN

Ernesto Sabato

终了
之前

萨瓦托回忆录

[阿根廷] 埃内斯托·萨瓦托　著

侯健　译

四川文艺出版社

图书在版编目（CIP）数据

终了之前/（阿根廷）埃内斯托·萨瓦托著；侯健译.
—成都：四川文艺出版社，2022.11
ISBN 978-7-5411-6445-3

Ⅰ.①终… Ⅱ.①埃… ②侯… Ⅲ.①埃内斯托·
萨瓦托—回忆录 Ⅳ.①K837.835.6

中国版本图书馆 CIP 数据核字（2022）第 171502 号

著作权登记号 图进字 21－2021－294 号

ZHONGLIAO ZHIQIAN

终了之前

（阿根廷）埃内斯托·萨瓦托 著

侯 健 译

出 品 人	张庆宁
策　　划	周 轶
责任编辑	苟婉莹
封面设计	张 军
版权支持	刘芳念 李 博
内文设计	史小燕
责任校对	蓝 海
责任印制	桑 蓉

出版发行 四川文艺出版社（成都市锦江区三色路 238 号）
网　　址 www.scwys.com
电　　话 028-86361802（发行部） 028-86361781（编辑部）

排　　版 四川胜翔数码印务设计有限公司
印　　刷 成都东江印务有限公司
成品尺寸 110mm×185mm 　开　本 32 开
印　　张 7.5 　字　数 90 千
版　　次 2022 年 11 月第一版 印　次 2022 年 11 月第一次印刷
书　　号 ISBN 978-7-5411-6445-3
定　　价 49.00 元

目录

纪念我的母亲

玛蒂尔德·豪尔赫·费德里科

前　言

　　不断有人怂恿我出版这些回忆文字，可我对其中的内容愈发感到疑惑，大都是些伤感的疑惑，然而我最终还是下定决心出版它。那些人对我说："你有义务做这件事，因为年轻人们绝望又焦虑，可他们信任你，你不能辜负他们。"我问自己是不是配得上这种信任，毕竟我有许多他们不了解的严重缺点。但我又不想伤害他们的感情，只想用最婉转的方式告诉他们：在这样一个混乱的时代，他们需要对某些人抱有某种信念，这种情况不单在我们国家有，全世界皆是如此。就像我常说的那样，那种最婉转的方式就是，让他们明白无法在这本书里看到那些最残酷的真相，而只会在我的虚构文学作品中找到，只有在那种戴着假面具跳起的不祥舞蹈中，人们才敢于倾诉或揭露那些摘下面具时不敢描述的东西。其他时代的许多大型狂欢就像集体呕吐一般，从根本上来看是有益健康的，因为它们使得人类能够重新忍受生活、承受存在之重，我甚至想到，如果上帝真的存在的话，一定也一直戴着面具。

没错，我主要是为年轻人写这本书的，但也为那些像我一样接近死亡的人而写。我们这些人经常会自问，为何、又为了什么活了这么久，忍了这么久，梦了这么久，写了这么久，画了这么久，又或者只是简单地在椅子上瘫坐了这么久。因此，尽管我曾一再排斥写下这些终了之时的文字，可当那个内心深处的自我，那个最神秘且非理智的自我催促时，我就开始动笔了。也许在这样一个受困于恐怖、背叛、嫉妒、遗弃、折磨和屠杀的世界里，这本书能帮助人们找到某种生之意义。让我鼓足勇气写下这些文字的还有鸟儿们，尤其是每天清晨传来的它们的歌声；或者还有我的那只老猫，尤其是它蜷缩在我膝头的时候；再或者，还要算上那些五颜六色的花朵，有时候花儿实在太小了，我必须凑得很近才能看清它们。

上帝总是通过那些微小的信息来暗示我们祂的存在，不仅是通过自然界中的小生灵们，也借助那些凡骨俗胎的无名英雄，例如那个冲进被熊熊大火吞噬的悲惨房屋中的可怜男人。他三次冲进那座板房，只为了救出几个孩子——他们的父母要去上班，把他们单独留在了家里——那个男人最终在最后一次尝试时失去了生命。然而，他向我们证明了这样一个道理：这个世界上并非只有悲惨、污秽和肮脏的事物，那个可怜的无名男人就和那些小花朵一样，都是上帝存在的证明。

第一部分

最 初 的 时 光 和 重 大 的 决 定

就如流亡一般，

我行走在那座城市的陋巷之中，

它是最古老的城市，

它是最初生成的城市。

我的灵魂行于我的前方，

彷徨且焦虑。

是什么在侵扰它？

是对那新居所的抛弃，

抑或追寻？

我在那里，

梦游，

挫败，孤独。

我怀念沙滩和高山，

还有那条靠近岸边的

蓝色的船，

它在等我。

玛蒂尔德·库斯明斯基·里切尔①

---

① 即玛蒂尔德·萨瓦托（Matilde Martha Kusminsky Richter, 1916—1998），埃内斯托·萨瓦托的夫人。——若无特殊说明，均为译者注。

马上就 5 点了，我刚刚起床；我试着不要发出太大声响，走到厨房，给自己泡了杯茶，想要试着回忆梦境的片段。对于一个八十六岁的老人来说，那些梦已经成为永恒了，它们和童年的记忆混在了一起。我一向记性不好，也总是困扰于此；不过，也许这样倒可以只去记住那些值得记忆的事情，那些在我们生命中发生过的最重要的事情，或是具有某种深刻意义的事情，具有决定性价值的事情——无论好坏。我们每个人的生命都是一场复杂、矛盾而不可解释的奔赴死亡的旅程。因此，我的想法是那么不循常规，满是巨大的孔洞，就像是由美丽神庙的遗骸搭建而成的，那些遗骸碎片散落在垃圾和荒蛮植物之中。我读过的书，我时常借用的理论，都与我在现实生活中遭遇过的挫折相关。

　　我时常在街头、广场或是火车上被人拦住，被人问应该去读些什么书，我总是这样回答他们："读你们喜欢的书，只有它能帮助你们生存下去。"

因此，我决定不用"回忆录"或"一个记性不好的人的回忆录"这样的书名，因为我觉得它们像是文字游戏，与这些写于我生命中最悲伤时期的、证词式的文字很不搭调。这段时间我总感觉自己像个废人，尤其是在我连那些关于时间和死亡的诗歌——它们在我生命中的最后时日里能给予我慰藉——都记不起来的时候。

在我出生的那个乡间村落里有这样一个习俗，人们在入睡之前会对第二天要叫醒自己的家人说"要在 6 点钟记起我"，那种存在于记忆与生命延续之间的关系令我始终难忘。

伟大的文化总是十分看重记忆的力量，常用它来抵御时间带来的变化。这里的记忆并非仅指记住发生过的大事，也不是像如今的电脑储存信息式的记忆：我指的是那种观照和传递原始真相的需求。

在原始族群中，当男性外出寻找食物、女性忙于制陶或照料作物时，孩童们会坐在老人膝头，接受他们智慧的熏陶；"智慧"一词绝非现代科技文明赋予的含义，彼时，它可以帮助我们去生存或死亡；那些老年智者通常大字不识，可就像伟大的诗人桑戈尔①在达喀尔对我说的那样，"用你们的观念看来，那些老人中的任何一位故去，其影响都不啻思想家或诗人的图书馆被焚毁"。在那些部落里，生命拥有神圣而深邃的价值；那里的仪式不仅美妙，而且具有神秘的象征意义，它们使那些生活中的日常事件变得神圣起来：出生、恋爱、痛苦、死亡。

那些部落里的老人们曾倚靠在炭火边，回忆古老的神话和传说，此时的我就像是他

_____

① 列奥波尔德·塞达·桑戈尔（Léopold Sédar Senghor，1906—2001），塞内加尔国父，政治家、思想家、诗人。

们中的一员，沮丧又颓废，注视着一团阴影，准备好讲述我曾经历过的某些事情了。它们混杂在一起，显得有些啰唆。它们组成了一个又一个深刻而矛盾的紧张时刻，也组成了我那混乱、无序、充满错误的人生，这段人生也是一场绝望地追寻真理的旅程。

我出生于 1911 年 6 月 24 日，那天也是圣约翰的诞辰，我名叫埃内斯托，这是因为另一个埃内斯托刚刚死去，由于他死时还是个婴儿，所以我母亲直到年老时依然称他"小埃内斯托"。"那个孩子不属于这个世界。"她经常这么说。我觉得我从没见她哭过——她一辈子都那么坚强又勇敢，可我肯定她在私底下偷偷哭过。她最后一次湿润着眼眶，提到早已远去的小埃内斯托时已经九十岁了。这证明岁月、不幸以及希望的破灭不仅不会像人们想的那样加速遗忘的到来，反倒会加深人们的记忆，这很悲哀。

那个名字，那座坟墓，总让我感觉有些压抑，也许正是因为和那桩悲剧联系到了一起，我的生活才变得如此艰辛，尽管那种联系产生时我还在母亲的肚子里；我小时候常会生出的神秘恐惧感或许也源自那桩悲剧，我那时总会幻想有个举着手电筒的人突然靠近，我无法躲避，于是只好躲在被子里瑟瑟发抖。我还经常做另一个噩梦，梦中的我孤身一人待在一个遥远昏暗的地方，面对着某物或某人发抖，我无法具体描述那人，不过隐约感觉那是我的父亲。我在很长一段时间里饱受梦游症折磨，经常会从床上爬起来，离开我和小弟阿图罗那位于走廊尽头的卧室。我压根儿没有醒来，可是却不会磕碰到任何东西，我会走到父母的卧室里，和母亲说几句话，然后再返回房间继续睡觉。我根本不知道自己做过什么，对那些事完全没有任何印象。所以，当她第二天早晨用悲伤的语气——我让她受了多少罪啊！——小声对我说"你昨晚起床问我要水喝"的时候，我总能感觉到自己的身子在奇怪地颤抖。许多年后她才对我说，当他们把我送到拉普拉塔读中学，她没法在身边保护我时，她尤其担心我的梦游症。可怜的母亲啊，她不明白，我当时也不明白，我的那些病症很大程度上是要求过于严苛的父亲造成的。

童年时生活的那片土地就像个被怪异力量控制的村庄，想起它只会使我感到恐惧。我经常偷偷哭泣，因为父亲不允许我们哭鼻子，为了使我免遭父亲毒打，母亲时常要把我藏起来。在那种绝望情绪的操控下，母亲总是不自觉地抓紧我、保护我，她没想到的是，她的那种无止境的爱意和善意最终把我和外部世界隔绝开来。我变成了一个孤僻的小男孩，很容易受到惊吓，只能透过窗户观察那个被禁止涉足的隐秘世界。

从某种意义上来说，我一直没能摆脱那个感到被抛弃的孤僻小男孩的影子，我的焦虑感与佩索阿①的很像："我将永远是那个倚靠在没有门的墙上，等待着别人给我开门的人。"

---

① 费尔南多·佩索阿（Fernando Pessoa，1888—1935），葡萄牙诗人。

因此，我渴求各种形式的同情与善意。

我后来到拉普拉塔国立中学读书，在他们把我送上火车的一刹那，我感觉脚下那片未知的土地仿佛就要裂开了，不过，在这里还会发生许多更可怕的事情。在之后很长一段时间里，我依然会梦见流着泪目送我驶向无尽孤独的母亲。后来，在不幸的命运无数次在我的脸上刻下沟槽之后，我难过又颓废地坐在广场长椅上，等待着回程的列车进站。

沿着南部海岸区，我边走边欣赏那条非凡的河流，在 19 世纪行将落幕之时，成千上万的西班牙人、意大利人、犹太人、波兰人、阿尔巴尼亚人、俄国人、德国人曾在饥寒交迫的状态下穿越过它。当时掌控这个国家的那些伟大的幻想家们，将我们的大草原无偿送给"所有怀着良好意愿的人"，因为他们需要一个住处，需要一个家，也因为人是无法离开祖国或"祖国母亲"生活的——"祖国母亲"是乌纳穆诺喜欢使用的说法，因为祖国是人类存在的真正基础。然而，那些人在这里获得的只是另一种贫穷，这种贫穷是由孤独和乡愁织就的，因为当他们乘坐的轮船驶离港口之时，脸上挂满泪水，他们看到自己的父母、孩子、兄弟、姐妹模糊了身形，飘散向死亡，他们知道自己永远无法再见到那些人了。

有史以来最奇怪的音乐形式——探戈，就是从那种无可补救的哀伤中诞生的。最伟大的探戈音乐家，天才的恩里克·桑托斯·迪瑟伯罗（Enrique Santos Discépolo）曾把探戈定义为舞动的哀伤思想。艺术家们随手抄起身边的乐器，小提琴、笛子、吉他，在不经意间谱就了我们历史上的基础性乐章。是哪个水手，从某个德国港口带来了为探戈打上最深沉且诗意印记的乐器——班多钮手风琴呢？这种被创造来在街头为路德教歌曲服务、悦上帝之耳的卑微乐器，最终却在千里之外的异国他乡找到了自己的天命。有了阴郁又神圣的班多钮手风琴，人们终于能表达更深邃的情感了。

有多少移民依然能看到，那些被遗憾和岁月隔开的山川与河流，他们从这个巨大而混乱的落脚处回望，这座崛起于港口之上的城市，如今已被堆积的孤独变成了荒漠。

在这个可怕的利维坦巨兽身上行走，沿着那些移民最早隐约望见的海岸行走，我仿佛听到了特洛伊洛①手中的班多钮手风琴在忧郁呻吟。

当布宜诺斯艾利斯的不幸与愤怒

使孤独加剧，

我在曦光中寻找城郊，于是，

穿透一片富裕了半世纪，

又毁于爱与失望的土地，

我的目光投向另一时空中的自己，

那个男孩。

忧伤地，我记得，

最初几滴雨落下，

落到干涸的土地，我的街道，锌皮房顶，

"下雨吧，下雨吧，老妇人躲在洞穴里"，

下到鸟儿歌唱，我们光脚奔跑，

放手让小纸船远航。

---

① 指阿根廷探戈音乐家阿尼巴·特洛伊洛（Aníbal Troilo，1914—1975）。

看汤米·米克斯电影的时光，

玩彩色小人的时光，

看特索利埃里、穆蒂斯和比多格里奥踢

球的时光，

玩旋转木马的时光，

在冬日午后嚼热花生的时光，

抓着小火车头听它鸣啸的时光。

那个世界，在我们孤独之时，

已几乎再难看到，

在这由水泥和噪声组成的混沌中，

已不再有长着紫藤

和石竹花的庭院。

我的父母混在那群移民中，带着耕耘"应许之地"的愿望踏上了这片沙滩，这里的土地比他们的泪水淌过的地方还要宽广。

我的父亲是从意大利的大山里走出来的，早就习惯了生活的艰辛，母亲则不同，她来自阿尔巴尼亚的一个古老家族，却也同样不得不忍受失去尊严的屈辱。

他们两人一起在罗哈斯定居了下来。就像潘帕斯草原上大多数古老村落一样，那个村子的前身也是西班牙人建造的小堡垒，它们是基督教文明疆界的标记。

我还记得，一个年迈的印第安人经常一边耐心地编织长胡须，一边给我讲些血腥战斗与残酷袭击之类的轶事，当有人给他说菲尔波和邓普西之间的拳击赛将会通过矿石收音机转播时，他回答说，"咯血越多，怪事越多"①。

在这个潘帕斯村子里，我的父亲最终有了个小型面粉作坊。对于当时还是小孩子的我来说，那里无疑是个纯正的幻想游乐园，我每个周日都待在作坊里拿木头做点小玩意儿，或者和阿图罗一起扛小麦袋子。有时候，我俩还会偷偷吃一下午小饼干，就好像那是个神秘的秘密一样。

在那个等级森严的家庭中，父亲毫无疑问代表着最高权力，在我们兄弟几人中间，权力则按年龄大小降序排列。我依然记得，自己看着父亲那淳朴坚毅、沟壑纵横的面容时心里的紧张感。他那些不容置疑的决定是一套由命令和惩罚组成、铁一般坚硬的体系的基础。对母亲来说，情况也一样。母亲总是保守而克制，很可能私底下因为父亲的那

---

① 老印第安人想说的是"科学越发达，怪事就越多"，但是将 ciencia（科学）一词误念为 cencia（西班牙语中并无这一单词）。

种严厉又冲动的个性受了不少罪。不过，我从没听她抱怨过，哪怕面临着当时那样的困难处境，她也毅然肩负起了养育十一个孩子的重任。

我们接受的教育在我的灵魂里留下了悲伤又持久的印记。但是那种教育，虽说有时十分严苛，却教会了我们要完成职责、始终如一、严格要求自己，任务一旦开始，就必须做完。如果说，我们兄弟几个取得了某些成绩的话，那也得归功于我们的这些生硬而相似的特点。

我父亲的严厉，有时很可怕，在很大程度上激发出了我内心深处埋藏的忧郁和悲伤，不过，也激起了我的两个兄弟的反抗。他们逃离了这个家庭：一个是翁贝托，我在后文还会提到他；另一个是佩佩，村里人都管他叫"萨瓦托家的疯子"，他最终跟着个马戏团走了，以这种方式羞辱我们这个在当地有些头脸的家庭。他的决定让母亲很难过，可她依然用那种坚强态度忍受了下来，她到老都是这样，九十岁的时候，在经受了长时间病痛折磨之后，她在自己的床上、在玛蒂尔德怀里，平静地走了。

我的兄弟佩佩一向对戏剧怀有巨大热情，而且还在村里人组成的那个名唤"三十友"的团体中演出。每当在"珍珠"电影院上演土生白人的独幕笑剧时，他总能在里面搞到某个角色——不管有多么微不足道。他的房间里存放着一整套彩色封面的、在布宜诺斯艾利斯出版的《檐幕》，上面除了独幕笑剧之外，还收入了易卜生的许多剧作和托尔斯泰的一部剧作。我至今仍对托尔斯泰的那部作品记忆犹新。我在十二岁前曾如饥似渴地阅读那套图书，它们在我的生命中留下了深刻的记忆，因为我也同样始终对戏剧抱有极大热情。不过，虽说我也写了几个剧本，可它们从来都没离开过我的抽屉。

尽管待人处事有些粗鲁，可我父亲内心

深处依然有脆弱的一面，他的心灵朴实又慷慨。他对美的理解程度让人震惊，甚至在搬家去拉普拉塔的时候，设计了我们家的房子。后来，我还发现他对植物颇有激情，照料起植物来可以说无微不至，他的这一面是我之前从未觉察到的。他一向说话算话，随着岁月流逝，他对朋友们表现出的忠诚也令我深感钦佩。得了肺结核的裁缝圣地亚哥就是个例子：在埃尔格拉医生诊断说要想活命，就只能到科尔多瓦的大山里去之后，一路陪他前去的正是我父亲，他俩挤在老火车那狭窄的车厢里，传染似乎是不可避免的事情了。

我始终记得他全心全意对待朋友的那种态度，可直到他去世后许多年，我才终于明白那种态度的价值。人这一辈子，这种事总是会发生，当你觉察到某些事情时，已经和它们永远道别了。等到我们想要说爱他、感谢他为帮我们预防那些不可避免而又有"教益"的不幸生活而做出的努力时，一切都晚了。

与父亲有关的并不只是些可怕的事情，我在追忆中隐约回想起了某些快乐时光。例如，在有些夜晚，他会把我抱在膝头，给我唱他家乡的歌曲。再如，他每次从社会俱乐部打完牌回家时，都会给我带些"门托丽娜"小饼干回来，我们都很喜欢吃。

不幸的是，他如今已经不在了，我们之间留下了许多该说却从未说出的话；爱已再难表达，旧日伤口永无愈合之时。于是我们发现了最终极的孤独：失去爱人、父母、孩子的那种孤独。

许多年前，我曾去过保罗圣方济教堂①，那里是他爱上我母亲的地方；我仿佛在那片荒凉的土地上看到了他的童年时光，我望了望地中海，旋而低下了头，我的眼睛湿润了。

———————

① 位于意大利的那不勒斯。

我们越接近死亡，也就越亲近土地。不过，我指的不是宽泛意义上的土地，而是那一小片土地，它如此微小却又如此受到钟爱。那是片如此受到我们怀念的土地，是我们度过童年时光的土地。因为我们在那里开始了一段艰辛的学习之旅，它永远被保存在我们的记忆之中。我有些忧郁地回忆起了那个遥远的世界，如今它浓缩到了一副面孔中、一个单调的广场上、一条街道里。

　　我一直记得自己小时候准备迎接三王①时做的那些仪式，如今三王却已经不再存在了。现在，就连在那些热带国家里，三王都已经被伪装成圣诞老人的可怜魔鬼们取代了，他们长着能忍受极地天气的厚实皮肤，留着又长又白的胡须，白得像雪——像他们伪称是自己家乡的那个地方下的雪。不，我

———————

①　指每年 1 月 6 日的三王节，也是西班牙语国家的儿童节。

想谈的是小时候，在我住的农村，总是在我们这些小孩子都睡着之后才神秘现身的三王，他们会在我们的鞋子里留下我们期盼已久的东西；穷人家庭也是一样，哪怕他们只会留下用罐头皮做的玩具，或是几块糖，又或是一把玩具小剪刀，这样一来，小女孩就能模仿妈妈的样子做裁缝活儿，可以裁些衣服给那个用破布做的洋娃娃穿。

如今的我只会向三王乞求一样东西：把那段遥远的童年时光、把我坚信他们存在的那段日子还给我。大概已经有一千年那么遥远了吧，那时我总是在期待中入睡，我知道他们会骑着神奇的骆驼前来，他们能够穿过墙壁，甚至从门缝里穿进来——因为妈妈就是这样给我们讲的——他们总是静悄悄地来，满怀爱意。我们总是焦急地想要见到那些神灵，于是忍耐着不去睡觉，直到所有的小孩子都无法抗拒的困意战胜那股焦虑情绪为止。是的，我乞求他们把那种等待和天真还给我。我知道这种要求太过分了，那只会是个不可能实现的梦，可我依然还在怀念童年时的每一个圣诞节和生日，怀念那种难以复刻的魔法，怀念每次夏日午休时听到的蝉鸣声。下午晚些时候，母亲会把我送到那位守旧的太太家——人们都叫她"老小姐"；我在那里能吃到些好吃的东西，还有"罗拉牌"小饼干，然后换来那句同样的话——"记得要想妈妈，要告诉妈妈你过得怎么样"。我想要三王还给我的就是类似的事情，不是什么大事，都是小事，再小不过的事。

没错，我想让他们把我送回到那个讲故事时以"从前……"开始的时代，伴随着孩子们绝对化的信仰，你会被立刻抬升到某个神秘的现实中去。或者，在大型马戏团到来并占据西班牙广场的动人仪式降临之时，我们静静欣赏魔术表演，以及驯兽师和他的狮子在驯兽场边的笼子里进行的演出。还有那个叫斯卡尔皮尼·伊·贝尔托尔蒂托的小丑，他很喜欢演悲剧角色，直到有天晚上，他在出演《群鬼》①时服了毒。天真的观众们还在给他鼓掌，后来幕布升起，人们发现他已经死了，他的夫人、伟大的杂技演员安赫丽塔·阿拉尔孔抱着他的尸体号啕大哭。

每当我欣赏鲁奥②笔下的小丑时，就会想起斯卡尔皮尼来：那些可怜的丑角在表演完节目后，就会在带篷大马车里孤独地卸下妆容，然后回归到阴郁的日常生活中去。我们这些老年人同样过着这样的生活。我们知道生活并不完美，童年时的那些充斥着好与坏、正义与邪恶、真实与谎言的故事最终都只会化作天真的梦。艰苦的现实意味着一种让人痛苦的困惑，它由扭曲的想法和笨拙的实践构成。可总会出现一些顽固的人——英

---

① 易卜生曾极受争议的剧作。
② 指法国画家和雕塑家乔治·鲁奥（Georges Rouault, 1871—1958），《悲剧小丑》《敲鼓丑角》等都是他的代表画作。

雄、圣徒和艺术家，上帝的身影会在他们的人生或作品中显现，它们会帮助我们忍受那些令人厌烦的相对性。

　　我在书房里孤独地欣赏本属于我父亲的那块表，还有本属于我母亲的那台新家牌缝纫机，还有爸爸一直藏在抽屉里的一小罐银币和一把柯尔特手枪——这把枪被作为遗物传到了大哥手里，后来又到了我的手上。于是我感觉自己变成了一个可悲的证人，只能默默见证那些脱离使用它们的人而永恒存在的事物，不断地被传来传去。它们幸存下来后，就又回到了无用物体的状态，所有的魔力、所有的纯真，都像一个无形的幻影盘旋在它们经历过的曲折命运之上。它们是一个幻想的残骸，一场梦境的片段。

　　感受不到光亮的少年，
　　你那沉重的遗憾在哭泣，
　　你的梦不会再回来，

亲爱的，

你的童年已逝去。

你儿时的土地

永远留在过去，

你只能带着苦痛，回忆，

那些辉煌的岁月。

尘土覆盖你的身躯，

无人聆听你的祈语，

你的梦不会再回来，

亲爱的，

你的童年已逝去。

1923 年，在村子里上完小学后，带着人生中最深沉的心碎感，我的哥哥潘乔把我带到了拉普拉塔，去完成学业。我还记得，第一天在佩德罗·埃恰古埃街上的房子里迎来谜一般的黎明之时，我在迷迷糊糊的状态中，听到了某种对当时的我来说非常陌生的声音。几十年过去了，我依然在脑海中保存着那幅象征着我的悲伤童年的画面：那是马匹的蹄甲踏在石子路面上发出的响声。那段时光异常遥远，当时还没有人穿牛仔裤，我们这些小男孩都穿着小短裤衩——穿长裤象征着某种可怕的大事件，有些骄傲，又有些羞耻。

很多时候，在那座后来与我的命运产生无比紧密联系的城市里，我都是哭着度过整晚的。在课程开始的那段艰苦的日子里，我经历了最大的苦痛之一。我把一个罐头皮制作的调色盘带到了森林里去，那是画家调色盘的拙劣仿制品，是哥哥从村里的五金店买回来的。调色盘里有许多小块水彩颜料，对我来说是个宝藏，我用它们来仿画日历上的插画。我至今依然记得其中一幅画，一辆三驾马车奔驰在俄国的冰天雪地之上，那是个遥远而神秘的国家。

我问清了前往拉普拉塔有名的森林之路，然后就带着调色盘、一瓶水、两支画笔和一本尽是白纸的本子去了。我坐在草地上——周围是高大的蓝桉树——开始画其中一棵树皮斑驳的大树。绿色、赭色、棕色，变幻纷纷，呈叠瓦状排列，让我激动不已。那个早上的一切都如此恬静，在美的力量的作用下，我忘记了忧愁。一场灾难不期而至：我那时只有十二岁，独自一人待在完全陌生的城市里，突然出现了一群年纪大概在十五岁上下的小伙子，他们嘲笑我，抢走了我的调色盘，踩碎了那些小块水彩颜料，折断了我的画笔，把水瓶丢得远远的；他们一直在笑，直到笑声随着他们慢慢远去。那段时间对我来说仿佛无穷无尽，我呆坐在草地上，眼泪流个不停。后来我挣扎着站起身子，慢慢朝住处走去，可是我迷路了，不得不多次停下脚步来问路，问我住的那条街到底位于何方。

我最终回到了住处，走进房间，在床上一躺就是一天。我不停打战，就像是发了烧——不过，也许我真的发烧了。

我回到了拉普拉塔大学。都过去这么多年了！许多已被我遗忘的记忆又涌现了出来，那是些隐藏在我灵魂中的情感。我后来注定要成为的那个人的灵魂之根就扎在这里，在这所学校里，在这座城市里。因为哪怕时间不断流逝，我后来又去过世界各地的大小城市，也始终无法抹掉我对这座城市中那些椴树和香蕉树，以及绿树成荫的街道的记忆。岁月如梭，但是这座城市总是会回到我的记忆中，我生命中许多重要时刻就是在这里发生的。我在这里遇见了玛蒂尔德，我们一起在这里上完了中学，后来又上完了大学。我们的儿子豪尔赫·费德里科出生在这里，我们的父母也是在这里辞世的。在这些花园里，在这个有时吉祥、有时忧郁的森林里，陪伴我一生的某些基础性的想法成形了。

这所由华金·V. 贡萨雷斯建立的大学，在整个西班牙语美洲都很有名气。这里有来自哥伦比亚、秘鲁、玻利维亚、危地马拉的学生，他们在一座座破旧房屋里建立起了属于自己的殖民地；这所大学在欧洲雇用了许多在科学和人文学科领域极有建树的学者，席勒一家就是个例子。它从创立之初就怀着与众不同的高远目标，设有多个伟大的科学学院。这些学院由众多卓越的人才管理，例如天文学家哈特曼。这些学院的科研水平，可以与海德堡大学或哥廷根大学的众多研究中心相媲美。这所大学的影响力可以渗透进中小学的教学领域，学生们在那里甚至有一家属于自己的印刷厂。

我是多么怀念那所大学啊！当时，那里并不"生产"专家，人性在那里还是完整的，那里的人捍卫真正的人道主义精神。在那里，思想和诗都是灵魂的展现，没有高下之分。在那所大学之前的图书馆的墙壁上，你能读到杰出的科学家埃米尔·博西说过的一句话——"拿起真理，把它带给世界"；

他是那些焦虑地渴望寻求纯洁灵魂的人之一，可是他一次次放弃或推后这种追求，只是为了鼓足勇气、弄脏双手来铸造这个如今几乎只能算是让人心痛的废品国家。

大一时，我们得知将有一个"墨西哥"老师来上课，严格说来他是波多黎各人。那个举手投足都透着贵族气息的安静的男人虽说用词克制，可自然而然地透着股隐秘的权威感。我第一次看见他走进教室时，差点惊掉了下巴：佩德罗·亨里克斯·乌雷尼亚[1]！他卓越绝伦，却受尽了同行的冷目和挖苦，那是典型的来自平庸之人的怨恨，以至于他从未在任何文学院系获评教授职称。

我亏欠他的是：正是在他的指引下，我第一次走近那些伟大的作者，至今仍对他那睿智的劝诫记忆犹新——"语法穷尽之处就

---

① 佩德罗·亨里克斯·乌雷尼亚（Pedro Henríquez Ureña, 1884—1946），多米尼加著名散文家、哲学家、人文主义者、语言学家和文学评论家。

是伟大艺术开始显现的地方"。因为他并不是纯洁语言理念的拥护者，刚好相反，他的思想更接近浮士勒①和洪堡②，他们把语言视作一种处于永恒变革状态中的鲜活力量。在后来那些年里，我们和他以及莱蒙德·里达③一起，在彼时由亚马多·阿隆索④领导的文学系里就上述话题进行了多次长谈。

后来，我每次乘火车旅行时，总会幻想再次遇见那位在大二时教过我的老师，幻想他坐在某节车厢里。他的公文包里会装满批改好的作业，就和我们的那次相遇一样。"好久不见！"我们一起待在车厢里时，我不

---

① 浮士勒（Karl Vossler，1872—1949），德国语言学家。

② 洪堡（Alexander von Humboldt，1769—1859），德国科学家。

③ 莱蒙德·里达（Raimundo Lida，1908—1979），阿根廷语言文学学家、语言学家、文学评论家。

④ 亚马多·阿隆索（Amado Alonso，1896—1952），西班牙语言文学学家、语言学家、文学评论家，后加入阿根廷籍。

无遗憾地问他，为什么把这么多年宝贵的时间花在这种没有意义的事情上，"堂佩德罗，为什么你要在那种事情上浪费时间呢?"他的脸上挂着温柔的微笑，回答道："因为他们里面有人可能会在未来成为大作家呀。"

我亏欠亨里克斯·乌雷尼亚的实在太多了！那个驼着背、不断思考的男人，他的面孔总是透着股忧郁。他所属的那种知识分子如今已经几近灭绝了，他是个浪漫主义者，阿尔丰索·雷耶斯[1]称之为"不可收买的证人"，他是那种为了救助友人可以在深夜穿过整座城市的人。通过那种面对人生的高贵态度，通过那种面对不幸时的一贯态度和勇气，连同那个在大二给我上过课的知识分子一起，我有些矛盾地想起了我的兄弟翁贝托，他热爱冒险，从没接受过高等教育，但

---

[1]　阿尔丰索·雷耶斯（Alfonso Reyes，1889—1959），墨西哥作家、哲学家、外交官。

是所有认识他的人都很崇敬他，大家在做出艰难决定的时候也总会先去询问他的意见。

正因如此，在翁贝托的病情加重的时候，我感到无比难过，尤其是在我骗他说那只是轻微感染的时候（我们所有人都知道，他实际上患的是可怕的胃癌）。那个因正直和果敢而受人尊敬的男人理应得知真相、面对真相，这正是他一直在做的事情。所以我做出了那个艰难的决定——和他谈谈。

我永远都忘不了那时的寂静，忘不了那双因隐约望见自己的结局而睁得大大的眼睛，可是那双眸子里没有沮丧，有的只是一直伴随着他的坚毅。他点了根烟。我们都没哭。我们不应该哭。我们也没能拥抱；父亲那强横的目光依然压在我们的肩头。

不过，在他去世后，我们所有人都哭了，他最好的朋友之一在葬礼上说，翁贝托是个"真正圆满的人"。

没错，亲爱的兄弟，你是圣-埃克苏佩里①那样的人，他驾着飞机，与他的报务员一起同风暴搏斗。他们在沉默中团结在了一起。联结他们的是共同面对的危险，但也是希望。他们那种人在泥污中竖起圣坛，用同志情谊来面对失败和死亡。

---

① 安托万·德·圣-埃克苏佩里（Antoine de Saint-Exupéry，1900—1944），法国作家、飞行员，代表作有《小王子》《夜航》等。

在充满冲突的大二生活中，我除了依然感到痛苦的焦虑之外，还有些重要的发现。

第一天上课时，坐在一把不那么起眼的椅子上的我——这个来自潘帕斯村落的、胆小又孤僻的小男孩，就惊讶地看到了堂埃德尔米罗·卡尔沃。他是位外省来的、长得像印第安人的绅士，个子很高，外表很有辨识度，干净利落地给我们讲解了牛顿第一定律。我被那个完美又明净的世界震撼了。当时，我还不知道自己已经发现了那个柏拉图式的宇宙，它远离人类生存境况中的种种恐怖；不过，我的确真切地感觉到，那些定律就像是一座座宏伟的大教堂，是屹立在我青年时期那些被摧毁的塔楼废墟中的美丽雕像。

为了缓解灵魂中的骚动，我把自己的激情和焦虑都倾注到了无数笔记本、日记本中，后来，在我年纪更大一些的时候，把它们都烧掉了。我无比焦虑，就到数学、艺术和文学里去寻找避难所，还有那些伟大的虚构作品，里面那些遥远的往日世界像屏障一样保护着我。学校图书馆很大，对我来说还是片未开发的区域，尽管图书排列有序，我却总是按照自己的喜好、渴望和直觉断断续续地进行阅读。

我还记得乡下那些由穷人和理想主义者经过极大努力建立起的图书室，他们在经历过整日劳作后，依然会鼓足干劲、热情地接待我们这些焦急地期待投入幻想和冒险的世界里去的小孩子。我从位于61街的简朴的小房间里进入了萨尔加里和儒勒·凡尔纳的世界；再晚些时候，以同样的方式在德国浪漫主义的伟大创作中重塑自我：席勒的《强盗》、夏多布里昂、"铁手骑士"的故事，歌德和他那不可不读的《少年维特之烦恼》，还有卢梭的作品。后来，我又发现了北欧作家群：易卜生、奥古斯特·斯特林堡[①]；还

---

① 约翰·奥古斯特·斯特林堡（Johan August Strindberg, 1849—1912），瑞典作家。

发现了俄国擅写悲剧的大师们，他们对我影响深远：陀思妥耶夫斯基、托尔斯泰、契诃夫、果戈理；然后是冒险史诗《熙德之歌》和拉曼查的那位真诚的游侠骑士的故事。我一次又一次回到这些作品中去，它们就像是流亡之人心心念念的那片土地一样，发生了许多确立他的存在的奠基性事件。

我十五岁时觉得《罪与罚》是部侦探小说，后来认为它是部超凡的心理小说，直到最后，我终于明白了这本有史以来最伟大的描写罪恶与救赎的小说的真谛。我仍然能看到自己缩在毯子里废寝忘食地阅读那本平装书的样子，那本书可能经过了两到三次转译才被译成了西班牙语。我也依然能听到自己在读到王尔德肆无忌惮地嘲讽维多利亚时期虚伪风气的妙句时发出的笑声。我还能感觉到自己在阅读爱伦·坡的那些绝妙的短篇故事时生出的紧张情绪；也记得切斯特顿笔下的种种悖论和布朗神父经历的桩桩疑案。

随着时间推移，我充满热情地阅读了各个时代的许多伟大作家的作品。我每天都花数小时在阅读上，每次阅读对我而言都像是一场紧张的寻觅之旅。

我从来不是那种会读某个作家作品全集的人，也没有任何体系化的东西来指导我的阅读。相反，每当遇到困难时我就改变阅读方向，不过我总把那些优秀作品当成圣书一般对待；就好像每次阅读机会都在向我揭示一段已经开启的旅程的目标所在。它们在我的灵魂上留下的疤痕恰恰证实了它们的重要性。阅读直到现在仍然陪伴着我，那些只有伟大艺术能够成就的真相依然在不断改变我的生活。

黎明时分，在无可挽回的孤独中，我听着勃拉姆斯①的曲子，总能借由那忧郁的圆号声隐约感受到"绝对"的轮廓，轻微但明晰。

我回想着玛蒂尔德还能拄着拐杖走路的日子，格拉蒂丝把她扶到书房，让她坐在我的身边，再给她身体两侧垫上枕头。我会放舒伯特、科莱里或其他能让她在难过时舒缓心情的音乐家的曲子。我们一起听着音乐，慢慢地，她打起瞌睡，直到完全睡着，脑袋斜靠向一侧。我用湿润的眼睛盯着她。没过多久她就会醒来，问道："咱们为什么还不回家？"她的声音微弱得几乎察觉不到。"是啊，"我总是会这样回答她，"咱们马上就走。"在格拉蒂丝的帮助下，她慢慢回到我们的房间。

---

① 指德国浪漫主义作曲家约翰内斯·勃拉姆斯（Johannes Brahms，1833—1897）。

我记得很清楚，那是 1968 年的遥远的一天，当时我和玛蒂尔德一起到斯图加特旅行，我要在那里领取一个奖项。一到那里，我们就去图宾根大学"朝圣"——这个词很恰当，因为我们当时的确是怀着宗教般虔诚的心到那里去的——去了，我们来到福音神学院，激动地看到了谢林和他的同学黑格尔在学生时代曾经坐过的长椅。我们就静静地待在那里。后来，我们甚至去了木匠齐默尔住的小房子，患了疯病的荷尔德林曾经在那里一住就是三十六年，那个卑微的男人亲切地保护着他；那是救赎了人类的"绝对"事件之一。我们从那一小块土地上望着奔流不息的内卡河——那个发狂的天才也曾无数次做出同样的举动。

　　我记得后来又游览了莱茵河的一段，这让我们仿佛回到了那个由叙事歌谣、吟游诗人、英雄、强盗和传奇交织的过去：罗兰到诺能维特岛来得太晚了，他那无可慰藉的爱人已经出了家，还有罗恩格林①的故事和克里维斯②的城堡，全都阴郁而让人难忘。在某个多雨的秋日午后，我们一起欣赏封建城堡的遗骸，那些已经化为废墟的堡垒暗示这里曾发生过残酷的战斗，其中又蕴含着满是醋意的爱情、孤独和背叛带来的或恐怖或美妙的秘密。海涅笔下两兄弟的故事就发生在那里，敌对的两兄弟，倾斜的塔楼残骸，还有回声的悬崖。在山的最高处，朝着太阳升起的方向，透过冰冷的细雨可以看到许多阴暗的废墟。还有鼠塔，哈托二世大主教下令烧死饥民，后来他被活着关进了鼠塔里，被那些骇人的动物啃食了。直到我们隐约看到罗蕾莱那令人不幸的咽喉③，我们向上望去，

① 中世纪的英雄骑士。
② 北德意志地区国家，神圣罗马帝国的诸侯国。
③ 指莱茵河谷中的女妖罗蕾莱雕像，传说女妖罗蕾莱会用美妙的歌声诱惑过往莱茵河的船员，使他们注意不到危险的湍流和礁石，而不幸与船只一起沉入河底。

望向矗立在河水中的陡峭岬角的最高点，仿佛很想看清那个用歌声把人们引向死亡的女妖的轮廓。

于是，某些年轻时的记忆又涌上了心头，我记起了那位疯子般的德语女老师试图用舒曼、勃拉姆斯、舒伯特的曲子，强迫我记住的那些歌曲①中的一些段落。我那时还不到十八岁，还无法用学会的零星德语记住那些歌词，不过倒确实记得有几句大致是这样的：

啊，心肝啊，

为什么会有这种阴暗的预兆？②

游客们拿着相机、吃着三明治，眼前是壮观的遗迹；它就像个衣衫褴褛，经历过世

_____

① 原文为德文。
② 原文为德文。

事变迁的先驱一样，试图在推搡、喊叫和辱骂中向我们传递某个美丽又忧伤的信息。不管怎样，借助诗歌的神秘力量，那条信息还是被传递了出来。

大约十六岁时，我开始和无政府主义及共产主义团体产生了联系，因为我一向无法忍受社会不公，也因为有些学生是工人和移民社会主义者的孩子。我们经常一辩论就是整晚，有时非常激烈，有时又很温和，一直辩论到太阳高照。

有一场集会是在希尔达·席勒的家里举行的，她是德国地质学家瓦尔特·席勒的女儿。她属于一个由女孩们组成的、名为"阿塔兰忒"①的群体，她会教授那些姑娘从体育到历史、文学的各种知识。在那里，一个年轻姑娘眨着大眼睛听我讲话，就好像我——可怜的我呀——是某个天神。她就是玛蒂尔德。

关于那个时期，我还记得5月1日的示威活动夹杂着抗议声浪，它们同时还加深了

---

① 古希腊传说中的女英雄名。

由芝加哥的烈士们①带来的深深的哀伤。谦逊朴实的英雄们和工人们为了八小时工作制而斗争，最后却被判处死刑，他们的埋骨地是永恒之墓：阿尔伯特·帕森斯、阿道夫·费舍尔、乔治·恩格尔、奥古斯特·斯皮尔斯和路易斯·林格。二十三岁的小伙林格，引爆了口中的雷管，英勇就义，其余四人则死在了绞刑架上。后来的调查显示，他们与投向警察的炸弹并无关联。这些工人宣称为社会正义而斗争，他们控诉法官及其代表的社会体系，并为之自豪。直到最后时刻，他们都没有否认自己参与过那些行动。多年之后，政治家承认他们是无辜的，于是为他们立起一座纪念碑，那里成了烈士的墓地。

---

① 指 1886 年在美国爆发的维护劳动人民权益的劳工运动，该运动以芝加哥为中心，在当年 5 月 1 日达到高潮。五一劳动节即来源于这场运动。

还有桑地诺将军①，以及勇敢而高贵的萨科与万泽提②领导的斗争运动。数以十万计的工人和学生参与运动去，一些聚集到社会主义者的红旗下，还有些则聚集到无政府主义者的红黑旗下。全世界的人团结在那两位烈士——萨科与万泽提——身后，但他们因自己未犯的罪而被判处死刑。直到被野蛮地绑在电椅上时，他们依然在辩称自己无罪。（和芝加哥的工人一样，美国司法界后来也承认萨科和万泽提是无辜的。）他们是带着尊严与勇气死去的。很久之后，美国人拍了一部伟大的电影来描述该事件的真相，在电影里，万泽提给他的儿子写了一封动人的信：

① 塞萨尔·奥古斯托·桑地诺（1893—1934），尼加拉瓜民族英雄。
② 萨科（Sacco）和万泽提（Vanzetti）均为激进主义者，美国的意大利移民，于1927年在美国被处死。

亲爱的孩子，我每日每夜都在思念你们。我不知道自己现在算是活着还是已经死了。我多么想拥抱你和你的母亲啊。原谅我，孩子，不公的死神很快就会让你成为没有父亲的孩童。今天他们可能就会把我们处死，但是无法摧毁我们的信念。那些信念会留给未来的世代，留给许多像你一样的年轻人。请记住，我的孩子，不要独享玩乐时的幸福，试着去谦逊地理解别人、帮助弱小、宽慰那些正在哭泣的人。你还要去帮助被迫害的人、被压榨的人，他们将会成为你最好的朋友。再见了，我的妻子，我的孩子，我的同志们。

巴托洛梅·万泽提

无政府主义者和马克思主义者间经常爆发激烈的争论和冲突，尽管如此，我还是交上了分别来自这两个阵营的朋友，直到今天，我们——我们这些幸存者！——依然会进行长谈，回忆那些英雄岁月。

回想起我创作出——或是在我的灵魂深处发现——文盲卡尔卢乔的那段岁月依然会令我激动不已。[1] 他是那些无比善良的无政府主义者中的一员，他们步行走过一个又一个村庄，直到走到某个为这些习惯在夜间的篝火旁发表演讲的人放置了行军床的地方为止——这正是无政府主义的迷人之处。而身材魁梧的卡尔卢乔被酷刑折磨得失去了力量，最后盘了家报亭，只能用笨拙的语言给一个来自贵族家庭、叫作纳乔的小伙子讲述无政府主义思想的美妙所在。他给纳乔讲述说有些人会把体型巨大、天真无辜的河马关起来，供孩子们取乐，河马远离非洲故乡，远离美妙的清晨午后，也远离了缥缈的自由。

---

[1] 卡尔卢乔与纳乔的故事，见《毁灭者亚巴顿》。
——编者注

俄国革命让那个十月闪烁着浪漫的光辉，最终信奉共产主义的伙伴们说服了我。他们说，无政府主义者追求的是种乌托邦，他们永远无法掌握政权，沙皇俄国发生的事就是个例子。由于当时斯大林主义还没有出现，斯大林犯下的罪行也还没有发生，我带着浪漫的幻想认为无产阶级革命会把一个像数学般单纯公正的世界带给人类。

我远离大学课堂，加入了共青团。我和同伴们走遍了阿莫尔 & 斯威夫特肉制品包装公司位于贝里索（Berisso）——拉普拉塔市郊的小村——的大型冷库。那里的工人生活状况极度悲惨，住在简陋的锌皮屋里，周围到处都是散发着恶臭的绿色水潭，他们冒着极大的风险进行着艰苦的斗争，为的只是让自己的工资每天提升 20 分钱。至今，我仍记得那种存在于工人和学生之间的兄弟情谊，每每想到我都会心潮澎湃。

1930 年爆发了第一场恐怖而血腥的军事

政变，因为各种各样的社会运动让军人和资本家感受到了危机。乌里布鲁①的独裁统治只不过是我们的国家在此后经受的众多军事政变的先声。

对我来说，那第一场政变是具有决定性意义的，我不得不投入地下行动。首先是由于我是个行动派——我一向鄙视那些只会耍嘴皮子的"革命者"——其次是因为我成了共青团书记，因此受到镇压者的追捕。搜捕行动迫使我逃离拉普拉塔，中断了学业，离开了家人，逃到重要的工人运动中心阿维亚内达（Avellaneda）安顿下来。我一向幸运，那次也不例外，我没有落入以酷刑著称的邪恶的反共产主义特别行动部手中，而他们一直跟在我身后。我只得不断变换住所和名字。有一次还跳窗逃跑，躲避了被捕危机。

---

① 何塞·费利克斯·乌里布鲁（José Félix Uriburu，1868—1932），阿根廷军人、政治家、总统。

我当时用的名字大概叫费里，现在回想起来，它也许是我下意识地从母亲的姓氏费拉里演变过来的。斗争活动凶险万分，我们不仅要做具体的斗争，还必须学习理论知识，不仅学马克思写的东西，也学其他人写的。

我给工人们讲自由，他们却因为游行被关押了起来；我给他们讲正义，他们却被野蛮地镇压和折磨；人身保护权和其他宪法赋予人们的权利，每天都被某些恬不知耻的人践踏。直到我们每天遭受的死亡威胁降临到了两个伟大的无政府主义领袖身上：塞维里诺·吉奥瓦尼（Severino Di Giovanni）和斯卡福（Scarfó）。我是在雅典文化中心认识吉奥瓦尼的，尽管长着张教书匠的面孔，他却凭借手枪和追随者成为传奇人物。他们被捕入狱，面对行刑队，在死前高喊："无政府主义万岁！"六十余年过去了，他们的喊声依然令我动容。

波托西街上的那间公寓已经不存在了。多年之前的一个午后，我的一位好朋友把十九岁的玛蒂尔德带去了那里，她从舒适的住所逃离出来，跑到布宜诺斯艾利斯的这个简陋房间中，和我这样的罪犯待在一起，为了一个没有悲剧、人人安居乐业的世界——她也想参与反抗乌里布鲁将军独裁政权的地下斗争。当然了，那样的世界只不过是个乌托邦，但要是没有点乌托邦思想的话，没有哪个年轻人能忍受现实的残酷。在那里，我们经常忍饥挨饿，只能分享一点面包和马黛茶，在少数几个幸运的日子里，慷慨的公寓管理人埃斯佩兰萨太太会敲响房门，送给我们一盘食物。

在那段忍受贫穷、躲避追捕的岁月里，一场严重的危机爆发了，最终驱使我与我为之赌上性命的那场运动渐行渐远。

党内同志们一直在监视着自己人的一举一动，他们认为在我身上出现了一些可疑的迹象。在和一些关系亲密的同志谈话时我坚持认为，辩证法适用于精神领域，却不适用于自然领域，因此"辩证唯物主义"本身就是矛盾的。不了解共产主义思想的人可能会觉得这不是什么大事，但对于党内领导来说，这个问题可就太严重了，他们认为把理论和实践分开的做法相当于犯罪。如果要解释我那样说的依据，怕是讲上三天三夜也说不完。我唯一能说的就是，那些事情发生在1935年，多年之后，在巴黎互助院举行的一场理论讨论会上，萨特及其他多位伟大的哲学家同样讨论了上述问题，他们和我当时的想法是一样的。

可不管怎样，它被认为是一种极度危险的假说，因为马克思-列宁主义的特点就是不容辩驳和质疑。党（el Partido）——一个首字母永远要大写的单词——提出的解决办法是，送我到莫斯科的列宁主义学校去学习两年，在那里，你要么被"治愈"，要么就会被送去古拉格或精神病院。我毫无疑问会被送进某个集中营去，因为我对自己的想法深信不疑。出于党员的牺牲精神，玛蒂尔德悲伤地接受了我要在苏联待上两年——也可能是一辈子——的现实，孤身一人的她躲藏到了我母亲的家里。

在前往莫斯科之前，我要先到布鲁塞尔参加由亨利·巴比塞（Henri Barbusse）主持的反法西斯反战大会，那次会议是由共产党主办的，因此处于它的严密掌控中。我从蒙得维的亚出发，在夜间坐着一条满是偷渡客的小船，穿越了拉普拉塔河河口三角洲，然后继续走水路，拿着假证件，一直来到安特卫普，然后转乘火车抵达布鲁塞尔。在那里，我有机会听到奥地利基金会的成员和一些来自德国的共产党员的谈话——希特勒主义正在不断扩张。他们给我在所谓的"青年旅社"中安排了一个房间，与我同住的是个叫皮雷的同志——那自然是个假名。他是法国共青团中央委员会的领导人，盲目信奉一切理论，这让我警觉了起来，因为他和我想法差异太大，而党是不会犯这种错误的。后来，那个年轻人落到了盖世太保手中，在经历了野蛮折磨之后死掉了。

有一次，我们在睡前聊天时爆发了一场争论，我犯下了危险的错误，将自己针对那个哲学问题的怀疑讲了出来。第二天我对他说胃疼，等到好一点再去参会。一个半小时后，在确认他不会突然回来之时，我收拾好行囊乘火车逃去了巴黎。彼时，斯大林的帝国已经在"扩张进程"中了，我和皮雷之间的那场争论刚一结束，我就意识到，如果我到达莫斯科的话，就再也不可能回来了。所有那些谈话，所有那些与来自其他国家的党员同志的交往经历，最后都不可逆地使我的那种脆弱理想不断出现裂缝。

我在前往布鲁塞尔时就已经对斯大林政权产生怀疑了。和我的情况类似，在布宜诺斯艾利斯，一位之前同样同情支持共产党的朋友，把一个托洛茨基派阿根廷人的地址交给了我——此人是法国一份刊物的主编，后来在西班牙内战时死在了一辆坦克里。他帮我联系上了巴黎高等师范学院（École Normale Supérieure）的一个看门人，此人之前同样是共产党员，他允许我睡在他的房间里，睡在巴黎的那种宽大床铺上。1935 年的气候异常寒冷，房间里没有暖气，除了床单之外，我们只好把《人道报》（L'Humanité）也摊开盖到了身上。白天的时候我漫步于巴黎的大小街道之中，却看不清不幸的命运最终会把我带向何方。直到某个下午，我走进圣米歇尔大街上的吉伯特书店（Gibert），偷了本波莱尔①写的数学分析类著作，把它藏在外套里逃出了书店。我依然记得，在那个寒冷的冬日下午，在读了开头几段文字后，

----

① 波莱尔（Émile Borel, 1871—1956），法国数学家。

我浑身颤抖了起来——这是经历了满是暴力、罪过的旅程后再次踏入神殿的信徒的真实感受——那种神圣的颤抖夹杂着目眩感，让我感觉自己充实了起来，又一次感受到了许久之前我的灵魂渴求的那种平静感：数学的圣光第二次把我引到了它的门前。

返回祖国后，经历了信仰崩塌的我一头钻进了物理－数学学院，只用了短短几年时间就完成了博士阶段的学业。在那里，我几乎每天都会遭受谩骂和侮辱，因为我"背叛"了共产主义。但事实恰好相反，最大的叛徒是那个怪兽般的人，那个前神学院学生。他背弃了所有真心搞革命的人，甚至不愿放过已逃往国外的托洛茨基——托洛茨基是那些真正勇敢而伟大的革命者之一，最后却被斯大林的利斧砍死在了墨西哥。

科技优先、物质财富优先的原则在西方引发全面的文明危机之时，成千上万像我一样的年轻人把目光投向了俄国爆发的伟大革命，它仿佛是在宣称人类终于获得了自由。我们不是在认真研读了《资本论》后才决定效仿那场革命的，也不是因为我们确信辩证唯物主义是行之有效的，或者说我们真正理解了剩余价值的含义，那样做的原因简单却强大，因为我们在那场革命中看到的是一场广阔而浪漫的自由运动。"正义"终于占据了它在历史上从未有过的一席之地。那是场为穷人而进行的斗争，还有那句非凡的名言，"一个幽灵在世界游荡"①，正是这些东西把我们吸引到了它的旗帜之下。

在有名的"文学爆炸"时期，且不谈文学方面的事情，许多作家指责我是共产主义的叛徒，他们想忽略我投身革命的经历，还同却时忽略了斯大林主义摧毁我们想要推动的革命运动的事实。那是些只会空谈的共产

①《共产党宣言》的第一句为："一个幽灵，共产主义的幽灵，在欧洲游荡。"

主义者，法国人管这种人叫"鱼子酱"①，他们远离危险，躲到位于欧洲的舒适办公室内的书桌后，在象征着怯懦和卑鄙的大后方，不停地高谈阔论。还有些人，曾短暂接触过共产主义，最终却成为文学世界中的"大老板"。

然而，面对斯大林犯下的暴行，面对那些打着保卫人类的旗号进行的酷刑和谋杀，他们却选择了沉默。"人们总能为缺乏勇气找到借口"，加缪此言不虚。他们本可以勇敢无畏地发声，而不必担心异议，因为这在他们参加的会议中是合情合理的行为，然而他们却闭口不言。许多人以极其残忍的方式失去了生命，他们辜负了这些人的勇气和尊严。就独裁政权而言，根本不存在好坏之分，它们全都同样可恶，这就和酷刑没有残酷和善良之分一样。与资本主义的斗争不应

---

① *la gauche caviar.*

该成为他们否认某些侵犯人类尊严的行为存在的理由，无论他们试图为之辩护的意识形态的名称是什么。

如果"空想社会主义"没有被马克思的"科学社会主义"摧毁，情况会多么不同呢！

无政府主义者被错误地认为带有破坏性精神，是那种在公文包里藏炸弹的飞行员。当然了，和人类的所有事业一样，在无政府主义运动中也出现了许多暴徒——我就曾在30年代时认识了其中一员——但这不应成为我们遗忘那些高贵之人的理由，他们渴望带来一个更美好的世界，人类在那里不会化身成霍布斯预言的恶狼。

另外一种常见的谬误是，认为这种反叛精神是由社会怨恨积郁而成的，知名的无政府主义者不胜枚举，从巴枯宁到托尔斯泰，经由诗人雪莱、圣西门伯爵、蒲鲁东、尼采（某种程度上可以算入）、诗人惠特曼、梭罗、奥斯卡·王尔德、狄更斯，再到我们这个时代的赫伯特·里德爵士、建筑师劳埃德·赖特、诗人 T. S. 艾略特、刘易斯·芒福德①、丹尼斯·德·鲁格蒙特②、阿尔贝·加缪、易卜生、阿尔伯特·施威策尔、萧伯纳（很大程度上算是）和伯特兰·罗素伯爵，再算上很久之前写出《太阳城》的康帕内拉和写出《乌托邦》的托马斯·莫尔。还要再加上那些总是和伟大的宗教思想家联系在一起的人物，例如艾曼纽·穆尼埃（Emmanuel Monuier）——他的"个人主义"理论与无政府主义思想关系密切——还有许多犹太人，例如马丁·布伯（Martin Buber）。

也许因为和无政府主义接触的经历，我总是喜欢独来独往，我属于加缪口中的那一

---

① 刘易斯·芒福德（Lewis Mumford，1895—1990），美国著名城市规划理论家、历史学家。
② 丹尼斯·德·鲁格蒙特（Denis de Rougemont，1906—1985），瑞士作家。

类作家:"他们不愿跟在创造历史的人身边,而只愿为那些遭受历史折磨的人服务。"作家应当是他们所处时代的公正见证者,应当具有说出真相的勇气,敢于起身和任何被个人利益蒙蔽、无视人类神圣性的官僚主义做斗争。作家应当时刻做好准备,迎接"见证者"一词的词源学释义赋予他们的身份:"殉道者"。对作家来说,前方的道路满是荆棘:为忍饥挨饿、无依无靠的人伸张正义时,有权势者会认定他们是共产主义者;在要求自由、尊重人格时,其他人又会给他们贴上反动分子的标签。在这种巨大的二重性中,作家将活得撕心裂肺、伤痕累累,但他们必须靠尖牙利齿支撑下去。

如若不然,未来的史书势必将控诉他们背叛了人类最宝贵的精神。

我被吓醒了。我几乎从没做过美梦,近些年除外,这也许是因为我的潜意识已经随着文学事业的发展得到了净化。绘画可以帮助我从紧张的状态中走出来，也许是因为绘画是更健康的活动，它允许我们把那些骇人的想法直接倾注纸上，而不需要文字在中间调节。不过，依然有某些焦虑感会在画布上蔓延，那是个昏暗的世界，只能等待细微的光芒将之照亮。

我经常梦到深海，那里神秘莫测，忽绿忽蓝，却始终是透明的。在某些夜晚里，更大的水流拖动我，可我既不感到悲伤也不感到焦虑，相反，我感到无比愉悦。

在等待西尔维娅·本古里亚（Silvia Benguria）到来的时候，我又重新拿起前一天晚上画到很晚的一幅画——绘画帮了我太多，使我远离日常生活带来的悲伤和恐惧。被颜料的气味牵引着，我的灵魂回到了那个遥远的时代，那时的我紧张地徘徊在两种需求之间——在科学的抽象世界与属于有血有肉的人的、昏暗的现实世界。

在最终读完物理-数学的博士后，诺贝尔奖得主胡赛老师①向我颁发了奖学金，那是科学进步协会的年度奖学金项目，我因而得以到居里实验室工作。

于是，我在 1938 年第二次来到巴黎，不过这次有玛蒂尔德和我们的小豪尔赫·费德里科陪伴。我和他们一起住进了位于 5 区的一间公寓里。

实验室生涯恰逢我人生的中途，按照某些蒙昧主义者的说法，存在的意义在那时通常会被颠覆。在那段奋斗的日子里，我白天埋首于静电针和试管中，入夜后就钻进酒吧，和超现实主义者们混在一起。在 Dôme 餐厅和 Deux Magots 咖啡馆里，放纵地沉浸

① 指伯纳德·胡赛 (Bernardo Houssay, 1887—1971)，阿根廷诺贝尔医学生理学奖得主，于 1947 年获奖。

在那些混乱的游戏中——我们玩起"优美尸骸"① 的游戏来，一玩就是几个小时。

我记得，最早和那个后来使我无比着迷的世界的接触，发生在一家希腊餐厅里，那家餐厅很脏，但价格很便宜，我和玛蒂尔德经常在那里吃午饭。有一次，我们看到一个瘦高个儿、长着亚洲面孔的男人走了进来，玛蒂尔德很担心他坐到我们这桌，结果他真的坐过来了。他转向我的妻子，用标准的古巴口音对她说道："女士，请别害怕，我是个好人。"我们就是这样和那位非凡的画家——维弗雷多·拉姆成为朋友的②。我很快就和以布勒东为首的超现实主义群体联系

---

① 玩家根据规则在纸上写下一个词，然后将纸折叠，下一位玩家继续写，最后将毫无关联的词语拼成句子的游戏。"优美尸骸"的名字源自超现实主义者们首次玩这个游戏时造出的句子："Le cadavre exquis boira le vin nouveau（优美尸骸应喝新酒）。"

② 维弗雷多·拉姆（Wifredo Lam，1902—1982），又名林飞龙，古巴艺术家，其父是来自广东的华人移民，其母有非洲和西班牙血统。

到了一起：奥斯卡·多明格斯（Oscar Domínguez）、费雷特（Féret）、马塞勒·费里（Marcelle Ferry）、罗伯特·马塔（Roberto Matta）、弗朗塞斯（Francés）和特里斯坦·查拉（Tristan Tzara）。

一天早上，塞西莉亚·莫辛（Cecilia Mossin）带着萨多斯基（Sadosky）写的介绍信来到居里实验室。尽管她一开始想做的是宇宙射线方面的研究，我却最终说服她留了下来，当我的助手。我把她介绍给伊伦·约里奥·居里（Irene Juliot Curie），伊伦立刻就接纳了她。我在模糊的记忆中，依然能隐约看到她穿着白衫，永远笔直地站在那里，关切地观察着我身上出现的某些变化。伊伦·居里就像那种因孩子做出某些骇人举动而惊吓不已的母亲一样，在午休时刻看到我衣衫邋遢、满脸疲惫地回到实验室时，立刻就警惕了起来。可怜的太太，她并不知道，尊贵的杰基尔博士已经在与邪恶的海德先生的交锋中逐渐力不从心了，恐怕罗伯特·史蒂文森本人的内心中也在进行着那场激烈交锋吧。[①]

　　某些隐藏在阴暗角落中的古老力量已经在炼制秘药，准备让我永远抛弃科学的纯净王国了。虔诚的信徒们在庄严的圣殿里吟唱祷词之时，饥饿的老鼠却在焦急地啃食柱子，科学的大教堂即将倾覆。危机已经开始了，我开始和科学渐行渐远了。因为我的灵魂一向做的都是摇摆运动，在光明与黑暗、秩序与混乱、太阳神与酒神间不停摆动，我那躁动的灵魂如今正在理性主义最极端的表现形式——数学——和非理性最暴力、最具戏剧性的表现形式之间摇摆。

　　许多人满心迷惑地问我，一个物理-数

---

① 杰基尔博士和海德先生是罗伯特·史蒂文森的小说《化身博士》中的人物，萨瓦托这里借用他们来暗指自己的内心中已经产生了走向文学创作道路的想法。

学专业的博士毕业生，后来怎么可能去做完全南辕北辙的事情，写出《关于盲人的报告》① 这样疯狂的虚构文学作品。可是，那些可怕的画面最后的确从潜意识里浮现出来了。在大多数情况下，尤其是到了我这个年纪，不可能向所有质疑者解释自己的想法，或是选择的含义。这与人们从梦——尤其是噩梦——中醒来时的疑惑感是一样的。我们觉得它不合逻辑、充满矛盾，但可以聊任何关于梦的事情，只是不包括撒谎。

这就是所有人面对自身的二重性——白昼与黑夜——时所做的事情。一个可怜的办公室职员在晚上可能会梦到自己捅死了老板，可到了白天还是会充满敬意地同他打招呼。人本就是矛盾体，甚至连作为理性主义基石的笛卡儿本人，也是从三个梦境出发才

———————

① 《关于盲人的报告》是萨瓦托的小说《英雄与坟墓》中的一部分，不过也经常以单行本的形式单独出版。

创造出了他的理论原则。对于理性的捍卫者来说，这是个多么美妙的开始啊！

不幸的伊奇多尔·迪卡斯（Isidore Ducasse)①，超现实主义的先驱之一，也经历过类似的事情。在《诗一》里的一首诗歌中，天知道他是在怎样讽刺性的驱动力作用下，化身成了洛特雷阿蒙。他赞颂了曾被他冷漠又也许是轻视以对的数学：

噢，严厉的数学啊，我没有忘记你，你那比蜜糖还甜的睿智课程，像清爽的波浪一样渗入我的内心；我从摇篮里就本能地渴望喝下你那比太阳还古老的泉水，我仍然记得我是如何鼓足勇气踏上你那庄严的神殿中庭的，我，是你最忠实的初学者。

---

① 即洛特雷阿蒙（Comte de Lautréamont，1846—1870），法国诗人，主要作品为《马尔多罗之歌》，洛特雷阿蒙是其笔名，伊奇多尔·迪卡斯是其原名。

许多人都会在纷乱的内心中寻找隐秘天堂的光辉。像诺瓦利斯①这样的浪漫主义者是这样，曾当过工程师的陀思妥耶夫斯基和其他许多最终投身艺术的人也中了同样的魔咒。同他们一样，我也借助文学来表达灵魂中的那些可怕而矛盾的东西，在这个模糊、阴暗，但却永远呈现真相的世界里，那些东西就像死敌一样不断对抗交锋。后来，它们在我的小说中被表达了出来，表现出了我的偏执或极端——往往很不光彩，甚至可憎；但它们也背弃了我，因为它们比我的良知责备自己的程度还要更深。如今，随着视力下降，我已经不能看书和写作了，在生命尽头，我又回归到了那另一种激情之中：绘画。这让我觉得，命运的确总能让我们成为我们应当成为的那种人。

----

① 诺瓦利斯（Novalis，1772—1801），德国浪漫主义诗人。

在那个时期可怕的不稳定状态中，我认识了一个奇怪的人，他是个伟大的西班牙画家，实际上是加纳利人，奥斯卡·多明格斯。我经常到他的画室去，而他坚持要我放弃实验室的"乏味工作"，全身心投入绘画创作中去。在松节油气味的陪伴下，我们一连数小时不停地聊些乱七八糟的东西，酒也喝个不停，有时是白兰地，有时则是红酒。在某些让人害怕的时刻，尤其是在把酒喝完之后，自杀的话题就会被我们提起。在一个多雨的周日，从跳蚤市场回来后，他又不断怂恿我自杀，我回答他道："不，奥斯卡，我还有别的计划。"

在我投身于压抑的科学世界中时，他的疯狂和不停的胡言乱语对我意味着某种自由的空间。他的放纵有能力推动最不可思议的想法诞生。有一段时期，他醉心于研究雕刻技巧，想要让作品成为某种"石质编年史"。由于搞物理，我也造了个表示"时间的石化"概念的词出来。实际上，这是我开的一个玩笑，我的灵感生自奥斯卡的那个著名的拼接雕塑作品——他让米洛斯的维纳斯拉起了小提琴。于是，我建议他给那个作品身上套一块柔软而富有弹性的布，这样就能把小提琴摆到不同的位置上去了。后来，他给这种做法起了个黑话式的名字，叫"安吉耶坦斯"（anquietanz）。

完整的文章最后发表在了《米诺陶》（Minotaure）上，那成为我的一段危机时期的见证。不过，布勒东还是以他惯有的郑重态度赞美了它，却没有意识到那是胡言乱语和黑色幽默的混合物；换个角度来看，这也证明了这位伟大诗人的天真，面对那个糅合了辩证唯物主义和洛特雷阿蒙风格的谵妄混合体，他试图掩饰自己缺乏哲学严谨性的缺陷。

还有一次，多明格斯还跟我提到了一位绘画四维空间的朋友，我试着说服他，说四维空间是不可能被画出来的。可如果奥斯卡连乘法也算不清楚，我又该怎么跟他解释那个问题呢？更何况，他的这种天真本就是我钦佩的东西。直到有一天，我陪他去了那个朋友的画室，那个矮瘦小伙向我展示了他的画作。我非常喜欢他的画，但是我对他说那不是四维空间，也不是他认定的类似概念，要明白这些，他得拥有更高阶的数学知识。后来，许多年我都没有多明格斯那位年轻画家朋友的消息，直到1989年，因为要在蓬皮杜中心的佛耶馆搞绘画个展，我又一次来到巴黎。我非常高兴，因为又一次遇见了那个天赋异禀又慷慨大度的画家，他就是马塔。他依然保持着我初识他时的那种魅力，如今他的身边多了美丽的热尔曼（Germain）的陪伴。那天晚上，我们一起吃了晚饭，激动地回忆着在我们的成长岁月里出现的人和发生的事。后来，伟大的超现实主义思想家莫里斯·纳多（Maurice Nadeau）在展览活动中办了场向我致敬的活动，马塔也慷慨出席了。

在和超现实主义接触时，我的思乡之情愈发浓厚了。随着第一次世界大战结束，摧毁资产阶级社会神话的需求成为滋养超现实主义者的破坏性精神的肥沃土壤。但是，随着原子弹和集中营的出现，六百万人失去生命，超现实主义者们不知该如何从废墟中重建这个世界。破坏性精神从来就不是什么有益的东西，希特勒就是最好的例子。第二次世界大战结束后，1947 年，我回到巴黎，由于来自布宜诺斯艾利斯这样一座从未直接经受那场灾难的城市，那次巴黎之行给我留下了痛苦的印象。我眼前是一座哀伤的城市，有意思的是，也许从象征意义的角度来看，最让我失望的一个细节发生在某个下雨的周六。那天的天色灰蒙蒙的，事情发生在一家破败的咖啡馆里，我回想起了从前在那个区里的任何咖啡馆中都能见到的、堆积如小山的羊角面包和牛角面包。但我最大的悲伤还是因为见到了布勒东，那时的他依然不甘心将那场运动的尸体埋葬。

不过，超现实主义无疑具有重要价值，它让我们得以跨越虚伪的理性界限，面对如此多的虚伪言行，它给我们提供了一种新的生活方式。正因为那场运动，包括我在内的许多人才能够发现真实的自我。

因此，我对那些玷污它的神秘主义者，例如达利，感到失望，甚至愤怒。同时，我也认可所有捍卫了那场重要运动的真实内核的悲剧性人物们，例如疯狂、暴力的多明格斯。他是我真心喜爱的少数几个超现实主义者之一，他构思和抵制现实存在的方式也是超现实主义的。他在毒品、酒精和女人中度过了生命的最后阶段，直到某个夜晚，割腕自杀，让鲜血染红了画架上的画布。

居里实验室是物理学家们心中的圣殿之一，可我在那里却只感到空虚。我的灵魂抗拒信仰缺失带来的死气沉沉的状态，尽管如此，我还是在继续坚持。

后来，另一笔奖学金把我带到了位于波士顿的麻省理工学院（MIT），我在那里发表了一篇关于宇宙射线的文章。可是，我却不可避免地对投入了数年光阴的事业变了心，转而慢慢迷上了那种彼时仍然模糊，但不可抗拒的新的召唤。在那种摇摆时刻，我们已经无法再体验到曾经的认同感了。

在迷茫中，我回到了布宜诺斯艾利斯。我已经在心中做出了决定，但还是得面对那些许诺我重要职位的人，还有坚称我应该在物理领域一展身手的人。我无比感激玛蒂尔德在那种时刻对我的坚定支持——她始终认为我应当遵从内心，做真正想做的事情，她也从未抱怨过我让家人们失去本可能得到的舒适生活。

我走过了那条架在两座高峰之上的桥梁，有时也会晕眩，不清楚自己在做些什么，还有些时候情况则相反，我能感受到伴随那种巨大的激情而生出的不可抑制的享受感。

为了还清帮我取得奖学金的人们的人情，我在拉普拉塔大学教授了一段时期的量子理论和相对论课程。如今，在巴里洛切市（Bariloche）有座以巴尔泽洛（Balzeiro）命名的原子研究中心，巴尔泽洛就曾是我的学生，马里奥·邦格[1]也是。

我在 20 世纪 40 年代初的时候做出了放弃科学研究的决定，因而受到了那个时期阿根廷最重要的诸多科学家的严厉抨击。胡赛博士从此再没和我打过招呼。时任科尔多瓦天文台负责人的加维奥拉博士曾经和我无比

---

[1] 马里奥·邦格（Mario Bunge, 1919—2020），加拿大裔阿根廷物理学家，哲学家。

亲密，当时也说："萨瓦托为了些胡言乱语的东西抛弃了科学。"爱因斯坦的弟子、从奥地利移民而来的吉多·贝克[①]在一封信中遗憾地说道："如果要评价你的事情的话，我会说我们失去了一个一直十分看好的物理学新星。"

我那时刚刚在《物理评论》[②]上发表了一篇关于宇宙射线的论文，但它被巨大的喧嚣声淹没了。

在玛蒂尔德和四岁的豪尔赫的陪伴下，我住进了科尔多瓦山区潘塔尼略村（Pantanillo）中的一间茅屋里，那里既没有自来水也没有电。在闪烁的星空下，我感受到了真正的平静。就像亨利·戴维·梭罗说的那样："我到森林里去，是因为我想在不

---

① 吉多·贝克（Guido Beck，1903—1988），物理学家。

② 《物理评论》（Physical Review）是世界上刊载获诺贝尔奖的物理学研究论文最多的系列期刊。

断思考的状态下生活，只去面对生命中的那些最本质的事情，看看自己是否能学会它想要教给我的东西；我不想在临近死亡时才发现自己其实从未活过。"

那间茅屋的窗户上连玻璃也没有，到了冬天，我们得忍受零下十四度的低温，甚至连流经该地的乔里略斯河（Chorrillos）也结冰了。在晚上，我们就靠照明用的火光取暖，早上7点钟时我们又会钻到床上去，因为外面实在太冷了。某次山间午后宁静之时，我认识了一个年轻的医生，他在考察整个拉丁美洲的旅途中来到此处拜访几个亲戚。他一路给病患看病，也在一路寻觅自己的人生目标。那个年轻人的面孔如今已成为最具代表性的象征物——历史以切·格瓦拉的名字将之铭记。

高耸的塔楼在面前逐渐崩塌，我就像棵生长在瓦砾和碎石间的野草，内心深处的本我不断尝试从疑惑、不安和愧疚中再次抬起头来。伴随着这种纷乱的内心状态，我写出了自己的第一本书，《个人与宇宙》（*Uno y el Universo*），它是一份见证，记录了我做出那让人焦虑的决定的漫长心理斗争过程，它也是我对那个纯净宇宙的回首和诀别。

加维奥拉博士和吉多·贝克为人们口中我的那份固执感到愤怒，他们多次来到我们住的茅屋，想要说服我的妻子承认我是在干疯事，尤其在我们的国家最需要科学家的时候。尽管我试着向他们解释我面临的精神危机，想让他们明白我是真心喜爱艺术的，但他们根本不理解，因为对于那些人而言，科学就是人类至高无上的创造。吉多·贝克把我的决定归因于南美人的轻浮性格，而加维奥拉则说，如果有朝一日我能写出《魔山》那样的作品的话，他就原谅我。可怜的加维奥拉，我觉得他永远都不知道，《魔山》的作者托马斯·曼是如何对《隧道》 （*El túnel*）赞不绝口的，他把那些话都写在了日记里。

最后，我同意干完一份跟热力学相关的工作，那是我读博时期关注的问题。热力学是物理学的重要分支，宇宙的发展问题与之息息相关；由此看来，宇宙大爆炸的问题能够吸引如此多骚动不安的灵魂的原因也就很好理解了。许多人会想到散文诗《我发现了》（*Eureka*），埃德加·爱伦·坡在那本书里想表达的正是对科学的热爱。我还是坚持认为，物理学的三大定律里有一处错误。我解释不清理论依据是什么，在我深入研究力学的那个时期，这个问题让我头疼不已。当时，我向罗亚特博士和特奥菲洛·伊斯纳尔迪博士提出了自己想法，他们想要说服我，因为从伟大的达·芬奇开始，经过庞加莱[①]

[①] 亨利·庞加莱（Jules Henri Poincaré，1854—1912），法国数学家、科学家。

和卡拉西奥多里①这样伟大的头脑的加工，热力学成了座和谐的大厦，已经没有革新的余地了。我在居里实验室受到了第二次拒绝，因为一个南美人压根儿就没资格质疑热力学的基本定律。

于是，那几位博士朋友说服了我，让我每周参加一次他们组织的学术活动，去总结我的假说，地点是位于科尔多瓦山区最高处的阿莱格莱森林天文台。在恒星般寂静的那些夜晚，伴着天文学家们，就像那些孤独的暗夜观察者经常做的那样，我听着巴赫、莫扎特和勃拉姆斯的乐曲，远望群星，最后一次感受到了那个远离丑恶世俗的宇宙的吸引力。然后，我就有了在第一本书的序言中所表达的那种信念："许多人会认为这是对友谊的背叛，可这也意味着我对人类本性的

---

① 卡拉西奥多里（Constantin Caratheodory, 1873—1950），数学家。

忠诚。"

在科尔多瓦山区住了一段时间后，我们回到了布宜诺斯艾利斯。当时我们的经济状况很不好，日子过得并不轻松，不得不出售一批有价值的画作，同时期待着我能找到一份养活全家的工作。我通过教课和翻译东西赚了点钱，但实际报酬很少，例如，我翻译了伯特兰·罗素的《相对论 ABC》，稿费就少得可怜。那时，我还向一些大型企业推销我的广告创意，但全都被拒绝了，其中一个想法还被剽窃发表到了《生活》（*Life*）杂志上。

在那时的紧张生活中，我结识了波兰生物学家诺文茨基（Nowinsky），他在了解到我的工作经历后，给我在联合国教科文组织找了份工作。不久之后，胡利安·赫胥黎拍来份电报，确认我被录用了。我只得只身前往巴黎，又一次去到那个我有过诸多难忘回忆的城市，却不知道一场新的危机正等待着我。

联合国教科文组织的办公大楼曾是盖世太保的总部，那种奇怪的氛围，再加上种种官僚式的手续，让我又一次对这个卡夫卡式的世界感到厌烦。带着深深的失落感，我站在塞纳河畔，生出了自杀的念头。

在落到极限的生存境地时，在来到能够感知死亡不可避免地趋近、充满苦痛的十字路口时，一部深沉的小说浮现了出来。在生存问题上徘徊之际，作品就是我们的一次尝试，它能够帮助我们寻回生之意义——当然，也不是每次都能成功。抵抗住焦虑后，我入魔一般，开始用便携式打字机写起了一个绝望地寻求沟通之道的画家的故事。①

迷失在腐烂的世界和丢失的信仰中，写作成了我表达我与之争斗的那种混乱状态的根本途径——也是最绝对、最有效的途径；我不仅能把自己的想法借由作品表述出来，

①　即上文提及的萨瓦托的小说《隧道》。

更重要的是，能把最隐秘、最难以解释的执念释放出来。

人类的真正家园并不是柏拉图描绘的纯净世界，而是思想遨游结束后总能返回的那个地方。它就位于天地之间的凡尘俗世，就是这片我们在其上生活、相爱、受苦的放浪土地。在全面危机时期，只有艺术能够把人的焦虑和绝望表达出来，因为和其他所有思维活动不同，只有艺术能捕捉到人类灵魂所有维度中的情感，尤其是那些充满诗意的、神圣性的、伟大的虚构文学作品。创作，就是我们在与无边的混乱进行对抗的过程中缴获的东西。"没有任何一个人从没写过、画过、雕刻过、塑造过、建设过、发明过，哪怕不是为了逃离地狱。""是绝对的真理啊！亲爱的、让人尊敬的、苦熬中的阿尔托①！"

---

① 指法国戏剧理论家、演员、诗人安托南·阿尔托
（Antonin Artaud, 1896—1948），1937 年后患精神分裂症，1948 年死于直肠癌。

多年以前，大学里的一些同学曾邀请我为一本文学杂志写点东西，还有几位拉普拉塔作家也参与了进来。《特修斯》（Teseo）办得很漂亮，但是那种杂志一般撑不过三四期，这本也不例外。不过，它对我的人生来说却具有非凡价值。我们时常会感到迷茫，找不到固定目标，我们在日常生活中也总是会漫无目的地做些事情，可内心深处，总会有种莫名的力量指引我们到该去的地方，在那里遇见些对我们的存在起着重大作用的人和事。

我给那本杂志写的文章引起了佩德罗·亨里克斯·乌雷尼亚的注意，在那之前我们已经有段日子没见面了。重逢后，对那位非凡的人文学家的崇敬之情再次在我心底升起，因为他一向把寻求正义的斗争置于对完美的智力活动的追求之上。我为他的生活态度所折服。在那之后，我一直为自己得到了他的认可而感恩，我认为这是一项殊荣。

在那场谈话中，堂佩德罗问我，愿不愿

意为维多利亚·奥坎波①领导的伟大的《南方》（Sur）杂志写篇文章。我很紧张，但是也很激动，没过多久就在一家咖啡馆里把文章交给了他。我看着他划掉了第一段，然后语调温和地问道："从这儿开始怎么样？"既像是怕伤害到我，又像是在掩饰他的批评。到现在，我仍然记得他细腻严谨的工作态度——他会用难以辨识的小字在纸页边缘写上批注，给所有我们这些有幸向他求教的"学生"修改文章。

　　几天之后，他给我打来电话，说《南方》将刊载我的文章，还说何塞·比安科②想认识我。我还记得比安科见到我时表现出的礼貌态度；他请我定期为《南方》杂志撰稿，后来还请我负责多年前就停办的"旧日历"项目。

---

① 维多利亚·奥坎波（Victoria Ocampo, 1890—1979），阿根廷作家、知识分子。
② 何塞·比安科（José Bianco, 1908—1986），阿根廷作家、翻译家。

我一直很赞赏比安科的民主忧患意识，因为和许多人认为的不同，比安科并不是那种坐在象牙塔里写作的作家，而是自由和人权的热情捍卫者；二战时，我就经常和他就纳粹主义进行长谈。那本杂志的上乘质量得益于他与印刷厂的博弈，以及他对稿子的细致修改——他经常会认为稿子有修改的必要。如果不做修改，那些稿子就"不可能被发表出来"，这是他经常说的一句话。他埋首于纸张之中，扮演着法官的角色。

有人指责《南方》是份精英刊物、反动刊物，我始终认为那是蛊惑人心的错误看法。那些人刻意忽略了萨特这样的共产主义者，加缪和赫伯特·里德这样的无政府主义者，格雷厄姆·格林这样的进步天主教徒，以及伊曼纽尔·穆尼耶①这样的社会主义天

① 伊曼纽尔·穆尼耶（Emanuel Mounier，1905—1950），法国哲学家。

主教徒都曾为《南方》撰文；在杂志编委会里也有位共产党员——玛利亚·罗莎·奥利弗（María Rosa Oliver）。《南方》上刊登了关于纳粹主义、社会正义、俄国革命、无政府主义和人权的许多重要文章。毫无疑问，指责《南方》的那些人搞错了，不过，这个世界上又有哪份杂志能摆脱这种命运呢？

在传播世界文化方面，我们都没有认识到维多利亚扮演了怎样重要的角色。我和她的关系，很像那种既恩爱又充满暴力争斗，可谁也离不开谁的婚姻关系。如果说比安科是《南方》能够一直办下去的不可或缺的驱动力的话，那么维多利亚则是赋予那份杂志生命的人——如果不是她对世界文化、艺术和文学怀有无穷无尽的渴望的话，《南方》肯定无法达到那种耀眼的高度。在他们的努力下，奥尔特加·伊·加塞特、斯特拉文斯基①和泰戈尔等人都来到了阿根廷。

《南方》杂志里的文字，教育了我们整整一代人。通过它，西班牙语国家的读者才得以读到弗吉尼亚·伍尔夫、D. H. 劳伦斯、阿道司·赫胥黎、阿拉伯的劳伦斯、亨利·米修和威廉·福克纳的文字；从日本到美国，人类思想的精华都出现在了那份杂志上。做出这些贡献的不仅是维多利亚和佩佩②，还包括编委会的所有成员。

和他们在维多利亚家聚会对我来说就像是又上了一次学，那里仿佛成了一所新的大学，而我则最终又当了回差生。那些聚会里不可或缺的，是何塞·比安科和给博尔赫斯准备的经典汤羹。帕特里西奥（Patricio）和埃斯特拉·坎托（Estela Canto）也会去，鲁

①　伊戈尔·菲德洛维奇·斯特拉文斯基（Igor Stravinsky, 1882—1971），俄裔美籍作曲家。
②　即何塞·比安科。

道夫·威尔考克（Rodolfo Wilcock）也去，马斯特洛兰迪（Mastronardi）有时也去。大家在讨论史蒂文森、亨利·詹姆斯、柯勒律治、克维多和塞万提斯的间歇也经常会讨论时间、尼采、永恒回归①、超限数和宇宙膨胀等问题。由于来自超现实主义的阴暗世界，我感觉自己在那种清澈的氛围里就像个蛮族；大家还会聊起俄国作家，在博尔赫斯嘲弄式的目光的注视下，谈话会一直持续到天亮。

我就是这样和博尔赫斯建立起联系的，我们不停地聊柏拉图，聊赫拉克利特，但每次都以布宜诺斯艾利斯的沧桑变迁为背景。遗憾的是，1956年，我俩因政治分歧分道扬镳了——发生这种事情太让我遗憾了——可就像亚里士多德说的那样，事物的差异性蕴

---

① 尼采认为，历史是一系列永不停止的重复循环，即"永恒回归"。

含于相似性中，人类有时会因为同样的热爱而分离。

我是个反庇隆主义者，并非因为我想维护特权，而是因为我不能忍受庇隆政府的霸道做法，以及其肆意驱逐不愿屈从的教师。在庇隆主义运动中，正义和尊严是联系在一起的，它们一同面对一个冰冷而自私的世界——那个社会正以一种更加有辱人格的方式剥削穷人，将之奴役于茶园和坚木林组成的集中营里。当时，许多知识分子不但没有挺身而出，反倒为了微薄的一己私利卑躬屈膝了起来。

为了那些"不被关心的人"——艾薇塔①就是这样称呼他们的——艾薇塔真的像英雄一般在斗争，而庇隆也十分懂得如何去调动他们。半个世纪后，和圣母像一道，艾

---

① 即艾薇塔·庇隆（Eva Perón，1919—1952），阿根廷前总统胡安·庇隆的第二位夫人，又称"庇隆夫人"。

薇塔的模糊照片也被这个国家最贫穷的人们挂在家里。这种做法象征着人们的感激之情，因为只有在那些年里，那些最卑微的人才真正体验到了宽裕和被人尊重的滋味。在所有人都明白的那些错误中①，也涌现出了像斯卡拉布里尼②和豪雷切③这样真诚的人——我和他俩都是朋友。

尽管在庇隆执政期间失去了教职，但在1955年被任命为《阿根廷世界》（*Mundo Argentino*）杂志主编时，我还是反对一切针对庇隆主义者的镇压措施。我立刻注意到，上司们对我接受不同背景的人为杂志撰稿的做法不满。到谴责当局在全国不同地点和国民议会地下室里对庇隆主义工人施加酷刑

---

① 指信奉庇隆主义。
② 劳尔·斯卡拉布里尼（Raúl Scalabrini Ortiz, 1898—1959），阿根廷作家。
③ 阿图罗·豪雷切（Arturo Jauretche, 1901—1974），阿根廷作家、政治家、哲学家。

后，我终于被迫辞职。然后，在一期电台节目中，我再次谈到了这些事件，这引发了一场丑闻，也使得我和相当一部分知识分子分道扬镳。

当时，除了酷刑之外，我还提到了一些伟大的作家，斗争精神为他们引来了敌意、愤恨和沉默。我谈到了一个杰出的人物：莱奥波尔多·马雷查尔①。

在那些政治斗争不断的时期，人们拒绝对阿根廷最伟大的作家之一表示认可，还迫使他流亡他国，过着极端困苦的生活，尽管他十分热爱自己的祖国。在最艰难的时刻，他的同伴听到那位谦逊的男人嘀咕了这样一句："我的同胞何时才会停止在我头上撒尿呢？"

马雷查尔的家人在听了那期电台节目后

---

① 莱奥波尔多·马雷查尔（Leopoldo Marecha，1900—1970），阿根廷作家，代表作有《亚当·布宜诺斯艾利斯》（*Adán Buenosayres*）等。

给我家打来电话，因我的上述言辞而表达谢意。从那时起，我和马雷查尔就建立起了我一直十分看重的友谊，下面这封美妙的信件就是见证：

亲爱的玛蒂尔德和埃内斯托：艾尔比亚和我收到了你们亲切并真心实意的祝福。今年就要结束了，我们向天祈祷，保佑我们，也保佑你们，我们的朋友：在生活中平和、喜悦，在文学创作时轻松、幸福，写出更多优秀的作品来，愿上帝把我们从那些想要折磨我们的婊子养的东西——既是字面意义上的，也是象征意义上的——手里解救出来，让我们远离谄媚和谎言；如果必须战斗，也请上帝把我们放置到最好的战壕里、最公平的战场上。亲爱的玛蒂尔德和埃内斯托，和我们一起说句"阿门"，然后好好生活！请接受来自艾尔比亚和莱奥波尔多的永恒的、兄弟般的拥抱。

马雷查尔总是为祖国的命运牵肠挂肚，正如他作品中反映的那样，在那些悲伤的反思中，他不断批评把我们的祖国弄脏或将祖国在地上拖曳的人、总是将祖国塞进他们肮脏口袋的人。像他这样灵魂高尚的人不断告诫祖国，其原因是，他知道祖国是有可能变得强大的。和他相似的那些人也是这样做的，他们的心在撕裂、在流血，从荷尔德林到尼采、陀思妥耶夫斯基、托尔斯泰，都是如此。还有了不起的普希金，他的朋友果戈理给他读了些东西，他听了后笑得前仰后合，最后喊道："上帝啊，俄罗斯可真是悲哀哟！"他心中苦涩，嗓子破了音。

同样，莱奥波尔多·马雷查尔在一首令人难忘的诗中这样说道："所谓祖国，就是一种还不知晓自己姓名的痛苦。"他的声音一向柔和，就像是沉重的低喃——那声音仿佛依然萦绕在我的耳畔。

《隧道》是唯一一本我希望出版的小说，为了实现这一目标，我遭受了诸多苦涩的羞辱。由于我的学科出身，没人认为我能真正从事文学创作。一个有名的作家甚至评论道："一个搞物理的能写出什么样的小说来呢！"如果说，我最好的文学历程将在将来出现，那么彼时的我又该如何反驳他们呢？

　　阿根廷国内所有出版社都拒绝出版《隧道》，甚至维多利亚·奥坎波也拒绝了我，她道歉似的对我说："我们成功了一半，但还不能把钱也掰成两半来用。"那时，我觉得王尔德说得可太对了："比起穷人来，有些人要更操心钱：那就是富人。"我还记得，盖兰迪咖啡馆——后来，我经常在那家咖啡馆里和贡布罗维奇①见面——的门一打开，我就看到玛蒂尔德弯着身子在哭泣，她的手

----

①　维托尔德·贡布罗维奇（Witold Gombrowicz，1904—1969），波兰小说家、剧作家、散文家。1939—1963 年间流亡拉美，在阿根廷生活。

里拿着我的那本小说的手稿。我十分羞愧，可不敢把手稿从她手里取过来。

后来，一位慷慨的朋友——阿弗雷多·维斯（Alfredo Weiss）——借给我一些钱，那本小说才得以在南方出版社出版。首版很快售罄，次年，我收到消息说，在加缪的热情提议下，《隧道》要出法译本了。

巴黎，1949 年 6 月 13 日

感谢您的来信和小说。凯卢瓦①让我读了那本书，我很喜欢书的紧度和讲述故事的那种平静语气。我已经建议伽利玛出版社出版它了，希望《隧道》能在法国取得它应得的成绩。我本想亲口对你说这些话，但我有本书在布宜诺斯艾利斯被禁了，没办法去那儿做之前定好的演讲。不过，我还是会去巴

――――――――――

① 罗杰·凯卢瓦（Roger Caillois, 1913—1978），法国知识分子、社会学家、语言学家、文学评论家。

西，我想以私人身份进入布宜诺斯艾利斯，我希望能在那里认识您。从现在开始，您将始终拥有我兄弟般的情谊。

阿尔贝·加缪

我亏欠那位慷慨作家的实在太多了，后来，我和他一起讨论过许多形而上学和伦理学方面的问题。人们经常会提到他的虚无主义倾向——哪怕真是如此，他也是这样一种虚无主义者：亵渎行为只是他信仰上帝的一种方式。他生活在绝望的理想主义中，是个满怀爱意和激情的人。

多年之后，我在一份报纸上回忆了上面提到的这些经历。维多利亚怒气冲冲地打来电话，指责我的回忆充满侮辱意味，还说哪怕那本小说得到了最重要的法国作家之一的积极认可，也算不了什么。然而，这就是生

*活*①，她本人也经常这么说。我已经提到了维多利亚对我们的文化做出的贡献；但要记得，我们之间曾经拥有的真挚的互相欣赏，并没有消除我"不是法国作家"而带来的不便。

我从来都不认为自己是个职业作家，或者说那种每年出一部小说的作家。刚好相反，我经常会在下午就把上午写的东西烧掉。我就这样看着一篇篇短篇小说、文论作品、戏剧作品被火焰吞噬，这曾经也注定是《英雄与坟墓》（*Sobre héroes y tumbas*）的命运——我总是喜欢犹疑。就焚烧手稿的习惯来说，有时我也会感到后悔；我至今仍会怀念某些被烧掉的作品，例如《鸟人》（*El hombre de los pájaros*），还有本我在超现实主义时期写的长篇小说，叫《不语泉》（*La fuente muda*）——这个书名是我从安东尼

————————

① 原文为法文。

奥·马查多的一句诗里获得的灵感，那本书现在幸存的只有几个章节和一些想法了。我总爱欲言又止，做事又常常充满矛盾，了解这一点的人都能明白：不管何种情况下，想要忍受我的个性都是件困难的事情。来自世界各地的、所有那些想要得到我的授权、改编我的小说的人都深受其苦，不管是做电影的还是做戏剧的，从知名人士到独立公司，都是如此。皮亚佐拉①想把我的小说《英雄与坟墓》改编成歌剧，不过后来因为我想法太多，那项计划最终只留下了一篇优美的介绍文而已。

遗憾的是，近些年来，由于文字的力量日渐衰弱，艺术也沦为娼妓一般，写作变成了和印钞票没太大区别的枯燥行为。就像我在《作家及其幽灵》（*El escritor y sus*

---

① 阿斯托尔·潘塔莱昂·皮亚佐拉（Astor Pantaleón Piazzolla，1921—1992），阿根廷作曲家、班多钮手风琴独奏家。

fantasmas）里提到的那样："如今只剩下一小部分人在讲故事了：他们仍能感受到那种深邃但着魔式的需求，他们想把自己的悲剧、不幸和孤独记录下来，他们是这个时代的见证人和殉道者。"这些人不属于任何文学殿堂或文学聚会，注定要承担更高的使命，因此，他们写作不是为了安抚被关在某间忏悔室里的个体，而是为了颠覆所有的舒适感，让我们重新感受到人类的悲惨处境。在这种抱负的推动下，许多人被逼疯、吸毒，或以其他方式结束自己的生命。我还记得卡尔卡莫医生曾经说，我应该立刻开始精神分析治疗，因为我已经处于发疯的边缘。我确信他是真的关心，因为他是个好人，但我还是回答说，只有艺术才能拯救我。

我们永远不知道，贝多芬写下他的最后那支美妙的交响曲时有多么焦虑，或者，那些伟大的作曲家们在进行创作时有多么孤独。因此，如果说失败是件悲伤的事，那么艺术领域里的失败就永远都是悲剧。

我曾经多次激动地来到凡·高的墓前，那个不幸的画家当年连一幅画也卖不掉，现在，人们却以成百上千万美元的价格争购他的作品，为的是到某家超市里展出。可怜的文森特，集上帝和魔鬼于一身，他谦逊善良，去给矿工们讲福音书，可又残暴地攻击高更；他寻觅街头妓女来当模特，例如那个带着个小男孩的妓女，最后还和他住到了一起，很可能是因为他能理解她，因为二人都同样穷困潦倒。就像阿尔托——他是另一个我很崇拜的"中邪"的人——指出的那样，凡·高之所以自杀，是因为再也无法忍受那个社会的诸多可怕表征。毫无疑问，阿尔托也是在谈论自己；在经历了可怕的电击疗法后，在给医生的一封信里，阿尔托表示，他感觉"人们疏远我、虐待我，就因为我的某个表情、某种态度、某种说话和思考方式，那些是戏剧家、诗人和作家的生活方式，但我就是那样的人啊"。他最后像流浪狗一样悲惨地死去了；一天早上，一个园丁发现了他的尸体，他倚坐在床上，手里还拿着一只鞋。我们永远都无法得知，那一天，他经历了怎样的最后的孤独。

我总是很欣赏艺术家的怪异性，而这些人都具有这种特性。

有些人能把战斗精神和严重的精神思虑结合在一起，绝望地寻找人生的意义。我认为，他们创作时的那种赤裸和撕裂的风格是表达真理的唯一方式。

是哪些神秘的神灵在引导我走向自己的宿命？为什么在三十岁时，当科学许诺给予我受人尊敬的平静未来时，我却放弃了那一切，转而走向昏暗又孤独的荒山呢？我不知道答案。一次又一次，就像身处猛烈暴风雨中的受难者，我毫不犹豫地奋力前游，哪怕压根儿不清楚前方远处是否有海岛。回首望去，我又一次重复波德莱尔的请求：

噢，上帝！请赐予我欣赏自己的肉体和灵魂而不感到恶心的力量和勇气吧！

搞清楚这个问题的过程很可怕，不过，生活会修正自己打出的草稿，不允许我们在上面涂涂画画。

我读到了一封信，写信的是个十九岁的姑娘，说崇拜我，可是，虽然我们住得很近，她却从来都不敢靠近我，因为她觉得害羞。那是封多么美好的信啊！多么高贵，又多么悲伤！她说我帮助她继续生活，还说她正在学习绘画，想着某一天可以向我展示她的画作；她说每当路过我们家，看到无人打理的花园时，就会幻想能遇见我。实际上感到害羞的是我，她如此纯真，我实在配不上她的赞誉。我这人身上有许多十分严重的缺点，和费尔南多·比达尔·奥尔默斯①这样的邪恶人物没什么区别。不过，我在写关于那些无比善良的角色的桥段时也会打哆嗦，例如奥登西娅·帕斯、卡车司机布西奇或"预言家"疯子巴拉甘。那些卑微的人、善良的文盲和满怀淳朴愿望的年轻人，他们将拯救我。相反，那些不牢靠的假说，论文里的想法和理论，是无法真正解释人类的存在本质的。

所以，在终了之时临近之际，在回首这段漫长的旅途时，我能确定自己是在生之不幸中不断成长的那种人。因此，当有研究者

_____

① 萨瓦托作品《关于盲人的报告》（《英雄与坟墓》）中的人物。

谈到我的"哲学"时，我没法不感到慌乱，因为我和哲学家的关系就像是游击队员和正规军将领的关系一样。又或者，说得更好听些，是地理学家和野外考察探险家的关系——我指的是那种凭直觉深入马来西亚的丛林里去寻找宝藏的探险家，这种人所掌握的都是些不明不白的消息，甚至在生死问题上都一向缺乏安全感。在人生的漫长旅途中，我去过许多奇妙的地方，也遇见过不少邪恶的人和难以克服的障碍，也曾一次又一次陷入困境。我曾因找不到"宝藏"而绝望，曾对自己的能力产生怀疑，也曾穷困潦倒，一再失去信仰。

我经常说自己不了解其他地方的情况，这是实话，我对其他现实知之甚少，但相反，我总能寻回激情，在选定的道路上继续前行。

第二部分

也 许 已 到 终 了 之 时

哀悼之时，太阳压抑的目光，

那是地球上某个陌生人的灵魂。

格奥尔格·特拉克尔①

---

① 格奥尔格·特拉克尔（Georg Trakl, 1887—1914），
奥地利表现主义诗歌先驱。

我看了新闻，证实了自己的想法，这个世界很难轻易摆脱它正在经历的危机。

科技进步和经济发展造成了人类可以轻易取得进步的假象，对人类产生了致命的影响。和历史上的其他时期一样，一开始权力就像是人类最好的盟友，但其实它又在准备着把最后一铲土撒到它那庞大帝国的坟头。

"毫无疑问，每一代人都认为自己将重建这个世界。可是，我们那代人却知道自己无法完成那个任务。不过，也许我们的任务更艰巨。我们要阻止世界毁灭。我们继承下来的是腐坏的历史——充满失败的革命、疯狂的技术、死去的神灵和疲软的思想；况且如今那些有能力毁掉一切的平庸政权压根儿难以服人；知识的力量饱经羞辱，甚至屈从于憎恨和压迫。"到了20世纪末期，加缪的这些话更显得无比真实。然而，还是有人想要继续大谈历史的进步，他们对理性主义那令人哀伤的遗产视而不见，这实际上是种自杀行为。

　　历史并没有进步。伟大的维柯[1]就曾说过："*Corsi e recorsi.*"[2] 历史是一个时而前进，时而倒退的过程，叔本华后来又重拾这一话题，然后是尼采。只有对纯思想领域的成就来说，进步的脚步才是从未停歇的。爱因斯坦的数学成就显然要高于阿基米德。剩下的那些东西，实际上更重要的那些东西，是在大脑皮层以下的地方发生的。其核心就是心脏。那个神秘的内脏器官，就像是个机械血泵，它和结构如迷宫般复杂的大脑相比可能不算什么，可当我们面对重大危机时，最折磨我们的却是心痛的感觉。出于某些我们无法理解的原因，心脏成了能最直接地感

---

[1] 维柯（Glambattista Vico, 1668—1744），意大利哲学家。

[2] 疑误，应为"*Corsi e ricorsi*"，这是维柯在历史观方面的表述，他认为历史不是以线性的方式进步发展的，而是以重复的周期形式循环发展。

知秘密、悲伤、激动、嫉妒、气氛、爱恋和孤独的器官，我们甚至通过它来感知上帝或魔鬼的存在。人类没有进步，因为他们的灵魂没有发生改变。就像《圣经·传道书》里说的那样，"太阳底下无新事"，它指的恰恰正是人心，所有时代的人的心理特征都是一样的，它可能会指引人们做出非凡的英雄业绩，但也可能会把人们引向歧途。实证主义者认为，技术和理智是照亮人类进步道路的火把。可是，瞧瞧它们给我们放出的是怎样的光芒吧！到了世纪之交，我们惊讶地发现自己身处黑暗之中，那种随时会消散的光明没有被我们留住，我们被阴影环绕。人类是黑暗中的遇难者，我们在深渊边缘摸索着进入了新的千年。

1951 年，我出版了《人类与齿轮》（*Hombres y engrannajes*）。不幸的是，我因为上述直觉而遭受到来自诸多著名进步人士的抨击，他们使我在接下来的十年里都没了出书的欲望。

在那场精神危机爆发四十多年后，我在世界经受的巨大痉挛中写作。如今，我在当时那本书里提出的很多想法已经变成了让人冷汗直冒的现实。当时攻击我、嘲讽我——说我是蒙昧主义者——的许多人，如今终于开始明白，我们继承下来的这个世界是多么糟糕了。

我在那书里写下了自己对科技和科学时代的不信任及担忧，当文艺复兴那半神般的人们群情激昂地开始征服地球的行动时，当宗教和形而上学的思虑被技术的知识、效率和精确所取代时，人类及其存在就开始被过高估量了，这也是我担忧的东西。那种不可逆的进程终结于一个可怕的悖论：人的非人性化。在那本出版于半个世纪前的书里，我这样写道：

如今由我们承受了这种悖论最后的也是

最悲剧性的结局，那是两种非道德的驱动力碰撞的结果：金钱和理性。人类利用它们获得了世俗权力。但是——悖论的根源就在这里——那种征服是通过抽象观念实现的：从金锭到票据，从杠杆到对数，人类对世界的统治力不断增强的历史，也正是抽象观念连续出现的历史。现代资本主义和实证科学是同一种现实的两张面孔，那种现实缺乏具体特征，是由抽象幻觉组成的。而人也是那种幻觉的一部分，我指的不是具体的人或某个个体，而是群体性的人的概念，那种奇怪的族群依然有人类的面孔，有眼睛，会哭泣，有声音，有情绪，可实际上他们只是某台巨大的无名机器上的齿轮罢了。这种命运与文艺复兴的半神人追求个性的做法是矛盾的，他们曾骄傲地起身对抗上帝，四处声张自己掌控和改造"物"的意图。他们没有想到的是，他们自己最终却变成了"物"。

我的那些想法并非是突然出现的，许多拥有深邃广阔的灵魂及视野、对存在问题有深入思考的伟大思想家都关注过这些问题：帕斯卡尔、布伯、别尔嘉耶夫、尼采、乌纳穆诺、雅斯贝尔斯、叔本华、爱默生和梭罗。陀思妥耶夫斯基的深邃思想对我产生过重要影响，还有克尔凯郭尔，他在黑格尔的思想教堂的地基里埋下了炸药。他的国家的媒体和路德派教徒野蛮地嘲弄他，后来的他成了重生的耶稣一般的人物。要是谈到社会学和历史学的基础的话，我认为对芒福德、丹尼斯·德·鲁格蒙特、皮朗[1]和冯·马丁[2]著作的研究对我来说意义重大，当然还有另外一些人，他们就像是荒漠中的先知，预言了即将发生的悲剧。工业革命的引擎启

---

[1]　亨利·皮朗（Henri Pirenne，1862—1935），比利时历史学家。

[2]　冯·马丁（Alfred V. Martin，1882—1979），德国历史学家、社会学家。

动后，人类绝望地发现自己变成了"难民"。不过，某些清醒、直觉式的精神抵抗力也在增强，它们勇敢而混乱地进行着浪漫主义式的反叛行为。那场运动中的伟大的诗人和思想家曾警告说，将宇宙和人类去神圣化的做法将带来严重后果。他们中的许多人遭到诽谤，只能借酒消愁，或是走上了悲惨的流亡之路。天才的雪莱就是如此，他曾在诗歌中预言道："人民在荒废的田地中挨饿。"

那些警告不但未被听从，还遭到了处于绝对优势地位的理性主义者的嘲弄。世界大战、可怕的左翼及右翼独裁、群体性自杀、新纳粹主义的崛起、犯罪低龄化问题加剧，人类陷入深深的绝望之中。所有这一切都证实了在被热情歌颂的现代社会体内正孕育着一只三头怪兽：理性主义、唯物主义和个人主义。那头被我们骄傲地生养的怪兽已经开始了自我吞噬。

如今，我们不仅受困于资本主义体系引

发的危机中，也受困于建立在对科技和人类的开发行为的神化之上的世界概念中。

从多面体和化学反应的角度来看，世界的物质化是可以接受的，但对人类生存来说却充满戏剧性。我们犯下了严重的错误，一味痴迷于搭上超速发展的列车，却丢掉了我们的本性，说起了满是科技辞藻的妄语，试图建立起一个属于机器的帝国。

获得了相应的技术后，伴随工业化和机械化而来的，就是酷刑折磨和种族灭绝手段的完善。

国际恐怖主义、在南斯拉夫发生的恐怖事件、中东局势恶化、加尔各答街头的悲惨景象……汉娜·阿伦特在 50 年代时就曾断言说这个世纪的残酷性是无可超越的，她所言不虚。

短短数年之前，两个大国不断进行着对抗。一方失败了，"唯一的替代者是新自由主义"这样的谎言开始蔓延。事实上，这是种罪恶的论断，因为这就像是在一个只有狼和羊的世界里说："大家都是自由的，狼可以吃羊。"

许多人在谈论这套体系的成就，可它唯一达成的奇迹就是，让占世界人口五分之一的人拥有了百分之八十的财富，而剩下的人，生活在地球上的绝大多数人，只能在悲惨的困境中饿死。我们应当好好反思一下新自由主义到底是什么，因为从严格的意义上来看，它与自由毫无关系。相反，由于掌握着巨大的经济优势，那些手握金钱、善于宣传的大国又争夺起了对这个世界的掌控权。

自权力中生出了经济上的专制制度。无形的暴君用他的各种指令操纵着饥饿问题，如今这个问题已经和意识形态、旗帜阵营无关了，无论男人女人、老人青年，全都深受其害。

在这套体系的控制下，非人性化问题愈演愈烈，巴西就是个很好的例子：四千万饥民生活在该国东北部地区，在圣保罗生活着大约一百万无家可归的儿童，他们只能选择在街头行窃，以此换得一点食物。还有的孩子小小年纪就被迫卖淫，只要一百或两百美元就能买下一个孩子。还有的小孩被有预谋地杀死，他们遭人绑架，惨遭杀害，器官则被贩卖到了世界各地的实验室里去。

一个多明我会的修士、圣保罗大学的神学教授对我说，警方曾做过一项调查，结果显示，仅仅在近三年里，在巴西就有四千六百个儿童被杀。

成千上万的拉丁美洲儿童被从他们的祖国贩卖到欧洲、美国和日本去；此外，还有足够的证据显示，在某些国家存在杀婴行为，这个问题在巴西、洪都拉斯、危地马拉和墨西哥等国尤其严重。

遗憾的是，玛尔塔·佩略尼嬷嬷（Martha Pelloni）告诉我说类似的惨事也正在阿根廷发生。

对于所有人来说，全世界有两亿五千万儿童被残酷剥削的事实都是一种羞辱、一场犯罪。他们被迫从五岁或六岁时就开始干对健康有害的活，他们疲于劳动，报酬却少得可怜，那还只是他们"走运"的时候，因为还有许多孩子是被当作奴隶或半奴隶"使用"的，他们不受法律保护，也享受不到医疗保障。

　　这些大字不识的孩童比起我们身边正常上学的孩子来要更瘦、更矮，饱受传染病、伤痛、截肢之苦，还要忍受各种各样的虐待和折磨。

　　这样的孩子不仅在那些最贫穷的国家里有，在世界上最大的那些城市里也可以找到。单讲拉丁美洲，就有一千五百万孩童忍受着被剥削之苦。

　　一个人接近这样的现实之时，他会立刻回想起工业革命时代在煤矿里工作的孩子们。人们似乎觉得那些境况早已是明日黄花了，可如今它们就在我们的眼前发生了。几个世纪以来，人们挥洒热血取得的社会进步已经发生了倒退。如今的世界，人们已经不再尊重八小时工作制、退休制度、教育权利和医疗权利了，那些我们曾经认为已被战胜的疾病又卷土重来了：结核、梅毒、霍乱。

孩子们遭受的暴力、面临的无保护状态，再明显不过地向我们证实了我们正身处道德沦丧的时代。这些不正常的事件就像漩涡一样，把我们所有人都卷入其中，也让尼采的话变成了现实："价值如今已经没有价值了。"

每天早上，成千上万的人都会再次重复做无用功，绝望地想要找到一份工作。他们是被排斥的人，针对这些人，有人对我们大谈人口爆炸问题，抑或是经济衰退问题，可偏偏不从"人"的角度来谈这个问题。

穷人被排斥于社会之外，仿佛他们本就是多余的人。现在人们已经不说他们是"在底层的人们"[1] 了，他们成了"在外面的人们"。

他们连最基本的饮食、医疗、教育资源都得不到，不知公平为何物。他们被人从城市里赶走，恰似当年被人从曾属于他们的土地上赶走一样。这些人每天都被排斥在外，就像被从漂荡于大洋上的孤舟边缘推出一样，可这些人却是绝对的大多数人。

金钱抹杀了如此多的价值，如今的世界，人们倾尽所有，只是为了取得经济的发展，可它却连人性也容不下了。

人们为了找到一份工作，愿意付出一切代价，哪怕报酬再低也在所不惜。他们在有害健康的环境下工作，在地下室里、在劳工船上，拥挤不堪，还要时刻面临失业的威胁，天天为被排除在外担惊受怕。

---

[1] 此处借用了墨西哥作家马里亚诺·阿苏埃拉（Mariano Azuela）的名著《在底层的人们》（*Los de abajo*）的书名。

看上去，人的尊严问题并没有被全球化计划考虑在内。真正达到前所未有的程度的情绪就是焦虑。人们生活在险恶的世界里，在这里，少数人通过毁掉大多数人的生活的方式来赚取利益。一些可怜的魔鬼，因为能够买到超市里琳琅满目的商品，而被认为属于第一世界。当那个不幸福的可怜魔鬼在他那堆满破烂物件的堡垒里安静沉睡时，成千上万个家庭却只能靠每天一美元的收入过活。经济学家们的盛宴把成百上千万人排除在外。

我走在街上，看到这么多店铺关门，街坊邻居把我拦下，对我说他们的小生意做不成了，因为收入不足以缴税。我想到了贪污腐败和漠视法律的行为，也想到了某些人铺张浪费和大肆敛财的举动，我感到我们生存于其中的这个世界正在堕落，当绝望蔓延，利己主义就会抬头，"实力就是王道"的想法就会占据上风。最不幸的人沉入深水之中时，在某个远离灾难的角落，在某场化装舞会中，有权有势的人依然在起舞，他们一边说着风凉话，一边装聋作哑。

19 世纪，在政府里工作的伟大的知识分子们创立的公立教育，其初衷是使初等教育成为免费的义务教育，人人都有学上，而这种教育将成为如今我们这个陷于崩坏之中的国家的基础。

我小时候上的那些学校里，谦卑的女教师们教我们要做"寻找真理的人"，例如黑皮肤的女教师奥桑。她有印第安血统，父亲是个驯马师，她总是小跑着照应我们，但同时也懂得温和地用纪律来教育我们。那时的我应该只有十一岁上下，是班里的小画家，在 6 月 20 日①之类的日子里，我会用彩色粉笔画贝尔格拉诺将军像——他举着的那面旗帜两边是天蓝色，中间是白色，通常又旧又破，但却是我们祖国的象征②，他以此令他的军队起誓，以此发动战斗，带着人们走向

---

① 阿根廷国旗日，系阿根廷国家性节日。
② 即阿根廷国旗。

死亡或胜利。

在这个全世界独一无二的大熔炉里，穷人移民家的孩子们在家里听父母讲述在那些遥远土地上发生的故事，到学校后听的则是这个国家的伟人们的故事，例如贝尔格拉诺将军和圣马丁的故事。或者就像独立日那样，我们在院子里伴着国歌把国旗升起来，尽管身子被冻得瑟瑟发抖，内心却充满热情。

我们就是这样学会热爱祖国的，真正的爱国心是一种高尚的情感，那些真正爱着自己祖国的人懂得如何理解和尊重他人；而狭隘的"爱国主义"则低级、卑鄙、狂妄、虚荣，让我们排斥他人、憎恨他人。许多大国就是如此，仅仅因为把控着其他国家的命脉，他们就自以为比他人更优越。

学生被棍棒驱散，从大学里赶出来，然后被关进监狱，从那个邪恶的夜晚开始，成千上万的大学生和知识分子被迫离开这个国家。后来，当我们得知独裁时期当局犯下的种种残酷罪行后，国际社会向这个国家投来鄙夷的目光，唯一能把我们从那种目光中拯救出来的就是我们的教师、工程师、生物学家、医生、物理学家、数学家、天文学家、作家和艺术家，他们在世界各地受到感召，做出了令那些高度发达国家瞠目结舌的成就。有位姓佩里①的建筑师，凭借设计作品的创新性震惊了美国人。还有米尔斯坦②，他是二代或三代移民，凭借在遗传学方面的革新性发现获得了诺贝尔奖，可他当年不得不远赴剑桥大学，因为在阿根廷国内连可用来验证其想法的仪器都没有。

所有的教育都依赖于主导它的文化思

---

① 指西萨·佩里（César Pelli, 1926—2019），阿根廷裔美国建筑师，他设计的标志性建筑包括马来西亚双子塔、纽约世界金融中心、纽约现代艺术博物馆新馆、纽约卡内基大厦、香港国际金融中心等。

② 塞萨尔·米尔斯坦（César Milstein, 1927—2002），阿根廷生（物）化学家。

想；由于那些着魔似的想要模仿"发达国家"——发达？哪方面发达？——的人的存在，我们面临着更大的"机器化"风险。我们应当反对清空本国文化的做法，支持这种做法的人已经被那些张嘴闭嘴大谈国内生产总值——再没有比它更成功的表述了——的经济学家们的思想侵蚀了。这些人压缩了教育的内涵，仿佛接受教育就只是为了学习技术和信息化知识，这些知识当然有助于做贸易，但却不足以展现艺术所揭示的那些基本道理。

这种教育只适用于那些被困于我们的社会高墙之内的人，因为技术和信息化的社会本应把人与人之间的距离拉近，可实际上对大多数人来说，我们的社会与那种社会之间存在着不可逾越的深渊。

在 1998 年的这个夏天，等待着清晨最初几缕曦光——那光总是（或几乎总是）能给人希望——我在思考着这个被执政者和大多数政客玷污、毁坏的国家身上的问题。它距离我青年时期生活的那个阿根廷如此、如此遥远，那时这个国家有众多优秀的大学，许多伟大的人物在里面任教、学习，而如今它们大多已变成了漂亮的城堡废墟。

因此，我多次到国会前的"白帐篷"里拜访老师们，他们从一年多以前就经常在那里进行绝食抗议行动了。这种行动是动人的象征，如果我们能够寻回本源中的那些精神和道德上的价值的话，这个国家就还有救。教育是当今世界最非物质化的事业，但对于一个民族的未来而言却最具决定意义，因为教育是民族的精神堡垒；也正因此，它才会被那些想要出卖这个国家的人，以及国外大型财团的办公机构不断渗透侵害。没错，亲爱的老师们，请继续抵抗吧，因为我们不能允许教育变成一种特权。

被排除在社会体系之外的人找不到正义的力量来保卫自己。我曾前往雷蒂罗的 villa 31 社区①，以声援那些正在绝食的牧师，他们以此抗议使用推土机驱赶人群、推倒他们居住的那些危房。

回家后，我晚上在电视里看到他们是如何侵犯拒绝离开工厂的工人的，这些工人遭受了暴力殴打，像罪犯一样被对待。这个社会并不认为拒绝让人们拥有工作的权利有什么问题，甚至连仅有的几条保护他们的法律也不起作用。

我还看到警察拿着棍棒和水枪跑着驱赶流动商贩，却不把连穷人身上最后一点钱财也要掠夺干净的"土匪"抓进监狱，这些人有权有势，可以无法无天，司法体系只敢对偷鸡的可怜小偷施加重罚。曾经有个小伙子

---

① 雷蒂罗是布宜诺斯艾利斯的一个区，而 villa 31 则位于该区的棚户区，是布宜诺斯艾利斯最贫穷的地区之一。

从科尔多瓦监狱给我写信，想问我要一本签名版《永不》（*Nunca Más*）[①]。他因为一些微不足道的犯罪行为而被捕入狱，可那些让我们的祖国流血不止的罪人却依然逍遥法外。

听到特赦令颁布消息的那天下午，我感到无比苦涩，我把自己锁在书房里，谁也不想见，那些恐怖的画面、刑讯的场景不断在我的脑海中重现。

在 1976 年政变前的几年里，出现过任何文明社会都不会忍受的恐怖行为。通过那些行为，最不堪的罪犯们，那些魔鬼的代言人们，释放出了极致邪恶的恐怖力量。他们建立起了专制政权，大权在握，可以逍遥法

[①] 1983 年，阿根廷军政府倒台之后，埃内斯托·萨瓦扎被任命为阿根廷国家失踪者调查委员会（CONADEP）主席，负责调查在军政府统治期间消失的成千上万名反对派人士。《永不》即为该行动的调查报告，萨瓦托曾为该报告撰写前言，但后被基什内尔政府替换。

外，由此开启了一场猎巫行动，不仅那些罪犯本人付出了代价，更牵连了数不胜数的无辜者。

当这个国家从那场噩梦中醒来时，阿方辛总统以武装部队最高指挥官的身份，下令军事法庭审判犯下那桩恐怖的历史罪行的罪人。后来，按照《宪法》规定，民事法庭拥有最终裁决权。最后成立了一个民事委员会进行平行调查，为法庭提供更多参考证据。

我们这些阿根廷国家失踪者调查委员会（CONADEP）的成员每天都会发现新的恐怖真相，我们每个人都产生了一种压抑的想法，认为自己再也不是从前的自己了，每个曾坠入地狱的人都会有这种感觉。委员会由来自科学、哲学、多种宗教和媒体领域的成员组成，我至今仍然记得大家在伦理和精神方面展现出的卓绝姿态。

调查报告要由打字员誊写出来，后来他们大哭着说无法继续这项工作了，我们只能将他们替换掉。那份长达五万多页的报告中记录着涉及数千人的失踪、折磨、绑架案件，那些人通常是些年轻的理想主义者，他们遭受的苦难永远镌刻在了我们的内心深处。

曾在这个国家盛行的恐怖行径也摧毁了那些失踪者的家庭。无数的父亲、母亲在痛苦的幻想中埋葬自己的孩子，又希望他们复活过来，却甚至无法得知那残酷的真相究竟如何。很难统计究竟有多少已为人父的人死去了，又或者有多少父亲在焦虑和悲伤中任由自己滑向死亡的深渊，又有多少人因此发狂。我的好朋友米格尔·伊辛格松[①]就是其中之一，在人生中最后一段岁月里，他唯一的愿望就是找到他的女儿，查清真相、伸张正义。但是，在面对那种恐怖的过程中，他

---

① 米格尔·伊辛格松（Miguel Itzigson，1908—1978），阿根廷天文学家。

受到过一些人的残酷对待，也经受过另一些人的冷眼，他那令人钦佩的勇气最终被摧毁了。他是在悲伤中死去的。

CONADEP 将调查报告提交给总统的那一天，五月广场上挤满了男人、女人、年轻人和怀抱婴儿的母亲，他们以这种方式支持我们国家历史上的那件大事。我们必须"永不"再犯那些让我们悲剧性地出了名的错误，当时全世界媒体都用西班牙语写下了"失踪"这个词汇。

遗憾的是，先是出现了"应得权威法"和"句号法"，然后是特赦令，它们毁掉了我们本可以成为道德斗争典范的可能，以及那场斗争的结果将给我国的未来发展带来积极影响的高尚希望。因为阿根廷所经历的悲剧永远不会被那些拥有高贵心灵的人遗忘——不仅那些曾置身地狱的人们不会遗忘，全世界拥有良知的人民也全都不会遗忘。正如调查结果显示的那样，在其他国家涌现出了像巴尔塔萨·加尔松①法官这样迎难而上的人物，我最后一次去西班牙时他就陪伴在我身边。鲜血、恐惧和暴力在质疑永恒的人性，它们让我们懂得不能漠视任何人所承受的苦难。

在全国性罢工的日子里，我愤怒地看到高傲跋扈的警察把几个工人用大锅准备的食物推翻在地。我不禁问自己，我们究竟生活在一个怎样的社会中呢？为什么贪污犯们能逍遥法外，人民的饥饿却被视作颠覆性行为？这算哪门子民主呢？

---

① 巴尔塔萨·加尔松（Baltazar Garzón，1955—），西班牙法官。

人们也被赶出自己的土地。几年前我和几个维奇族印第安人在国会广场待在一起。在那之前一周，他们举行了一场绝食示威游行，和许多印第安族群一样，他们声称自己的土地从征服时期开始就不断被外来人强占，他们说战争、未知流行病和有意识的抓捕囚禁行动使他们的人口锐减，而他们则是些幸存者。从那时起，性格温顺的印第安人在整个大陆遭受到的恶劣对待使得他们被迫生活在节衣缩食的状态中，他们在饮食、医疗、居住和教育方面的基本需求完全得不到满足。

如今，在毁灭性的威胁下，这些族群面临的最严重的问题之一就是向大城市迁徙的问题。他们被饥饿驱动，同时也因为那些不切实际的幻想来到大城市，他们只能居住在城市边缘地区，就像在利马发生的那样，近二十年里，由于土著居民拥入，利马人口翻了三倍。他们在城市贫民窟里过着毫无尊严的生活，那里充斥着霍乱、脑膜炎、结核病，那里有背井离乡和穷困潦倒带来的种种灾难。他们活着——如果我们可以使用这个动词宏大而神秘的含义的话——或者说他们可悲地挣扎求生，格格不入，迷惘彷徨。

回到这边，布宜诺斯艾利斯，这个国家的首都，在很长一段时间里几乎算得上是片荒漠，没有多少土著族群生活在这里。后来，数以千计的印第安人从玻利维亚和巴拉圭穿越边境而来，在这里遭受奴役，做着暗无天日的苦力活儿，史书对这段历史鲜有记载。他们睡在地上，又挤又脏。他们失去了尊严，也丢掉了自己古老的传统。

在印第安人的传统中，生存的基本活动是同宇宙和自然的节奏相适配的。甚至到了今时今日，许多印第安人依然保留着他们的各种仪式，例如马普切人，他们仍然会载歌载舞、虔诚祷告，以迎接新年的到来，他们希望以此换得来年风调雨顺。相反，在我们的社会里，仪式和传统已经失去了往日色彩，变成了一些没人相信的幻象，这也是野蛮的科技发展带来的结果之一。把幻想和逻辑割裂开来之后，人类被从其原始的统一状态中驱逐出来了；人与宇宙之间的和谐关系也永远被打破了。

很久以前，我看过埃米尔·库斯图里卡①导演的一部关于南斯拉夫的电影，影片十分精彩。我为它所表现出的撕裂感而深受震撼，那部影片展现出了毁灭的残酷性。我看着那些生活在肮脏底层的人物，他们痛苦地维持着残酷卑微的生活，我觉得那是对这个时代的伟大隐喻，人类人性中的某些东西正在消失。

一天下午，我正在乘火车出行，类似的感觉又涌上心头。一个身材瘦削、肤色微黑的女人上了车，用一架破旧的手风琴演奏起了悲伤的乐曲。她的胸前挂着个牌子，上面解释说她是从罗马尼亚逃难而来的。我听着那哀伤的旋律，停步观察那个失去祖国和家园的女人。她来自罗马尼亚、波斯尼亚还是前南斯拉夫已经不重要了，她只是一个流浪

① 埃米尔·库斯图里卡（Emir Kusturica, 1954—），塞尔维亚导演。

的女人，就和世界上成千上万的难民一样，和巴西那些失去土地的人民一样，也和那些绝望地想要逃离阿尔巴尼亚的人一样。她是那成千上万人中的一员，我们对他们遭受的苦难负有责任。那些人不懂意识形态的事情，也不了解社会统计学概念，但他们很清楚自己在历史上绝不会占有一席之地。在她向下一节车厢走去的时候，我迎上了她背上背着的小女孩那幽怨的目光。她的眼神让我再次陷入了对正在发生的事情的遐想：这个世界似乎正在走向分裂，而生活正睁大双眼望着我们，那眼神中透着对人性的无尽渴望。

今早在报纸上读到的一则消息让我十分震惊；我把它剪了下来，放到了我存放资料的抽屉里，和这些年里支撑着我继续生活下去的那些纸片待在一起。

寒冬，一个只穿着 T 恤和单裤的女人从精神病院逃走了，她想要去寻找曾经的恋人。她利用管理员的疏忽偷摸上了一列火车，没费多大功夫就把它开动了起来，开始了一场奥德赛式的冒险旅程。她的恋人曾经在铁路系统工作，曾把开火车的方法以及"其他许多技巧"教给过她。

"如果诸位明白爱是什么的话，恐怕就不会一直对我紧追不舍了。"她在遭到逮捕、被送往警局的路上这样对警察说道，而且边说着边放声大哭了起来。她喊道："你难道从来没有为爱做过什么吗？"

那么多人盲目地在城市里东奔西走，来完成各种各样计划中的任务，与那些人相比，这个女人的这些表述难道还不够富有人性吗?

我想要把这个故事记录在我的文字里,因为当"理智"把我们带到了罹患集体癔症的边缘时,这些行为似乎才更像是某种救赎。

爱我的人们总是乞求我不要太早起床，他们担心我的身体吃不消；医生给我检查身体，做各种化验。实际上，我觉得自己的脾气越来越温和了；这是吃过太多苦之后的结果。这难道是种苦痛的标志吗？

今天我本想至少休息到 5 点，不过突然出现了某种幻象，让我一点点清醒了过来。那是种模糊的画面，不过却慢慢强压到了我身上，我花了很长时间在现实和梦境间挣扎，直到最后在床上翻了几次身，掀起被子，等待着寒冷驱散我的恐惧。

那种幻象很模糊，不过却和我们生活的现实有一定关联，就像是某种呻吟声从潜意识里传了出来，让我想起了这些年一直在画的那些东西：那些从我的灵魂深处走出的可怕生物、倾斜的塔楼、火红天空中的飞鸟。我不知道它们意味着什么，也许是种警告，又也许只是我在受罪的状态中写出的某些作品的片段——例如《关于盲人的报告》——

所带来的后遗症。

我无法重新入睡，于是打开手电筒，穿越笼罩在书房中的黑暗。我看到了躺在书桌上的几个信封，里面装的纸上写着一些将被我放进这本书里的片段。我没对这本书进行过预先计划，这些文字都是从我的灵魂而非头脑中走出来的，是我在终了之前的日子里体验到的忧虑和悲伤在讲述它们。

我检查着信封里的纸页，有一些，有许多，上面做了标注，进行过无数次修改。由于这项任务时常让我感到焦虑，我曾多次试图忘记它，但每次都会重拾，就像着魔一般，又像是有人在我的脑袋里不断敲打。

最后我换了衣服，来到花园，天亮得迟了些，因为天上挂着厚厚的雨云。我在花园里坐了一阵子，直到格拉蒂丝唤我去吃早饭才起身离开，我边吃早饭边读着报纸标题：社会危机、失业、腐败、逃脱法律制裁、世界大势，它们足以让我更加焦虑不安。一个报道的副标题是这样写的："在印度尼西亚，一周内有约五百人被烧死，其中大多是妇女和儿童。"我记起了但丁描写地狱的句子："血水混着泪水，污秽的虫子在其中蠕动。"

于是我又来到书房，像每天早晨一样等待着迭戈到来，他会再次亲切地鼓励我。我们会聊很长时间，然后一起在社区里的街道上转一转，或是到火车站转几圈，直到我恢复能量，能够继续写作为止。

严重的危机影响着我们的社会进步，也影响着我们的经济发展。可不止如此，天空和大地都生了病，蕴含着世界所有美好之物的大自然也抱恙了。

我们的星球正在逐渐遭受毁坏，如果不采取紧急措施的话，大约三十或四十年后地球就会不再适宜人类居住。汽车和工厂排放的废气，再加上人们肆无忌惮地毁林伐林，氧气正在不可逆地减少。人类生存离不开树木，可那些林业资源最丰富的国家和在亚马孙雨林里砍伐树木的人似乎不知道这一点，又或是他们根本不在乎。发达国家每年产生四亿吨有毒废物：砷、氰化物、汞和氯的衍生物，它们被排放进河流和海洋，不仅影响鱼类生长，也影响以它们为食的人类。哪怕只是几克上述有毒物质，对人类来说也是致命的。

我们每天都在冒着风险食用被喷洒了杀虫剂的蔬菜，这些杀虫剂会对人的肝脏和肾脏造成损害，导致血液疾病、甲状腺疾病发生；它们还会影响人类中枢神经系统和视觉功能。人们闻之色变的可怕毒药"橙剂"就是其中之一。

科学家们仍然没有解释，我们该如何在核反应堆释放出的放射性物质的影响下生存。八百万人依然在承受切尔诺贝利核电悲剧所带来的影响。

在苏联领导人米哈伊尔·戈尔巴乔夫访

问阿根廷期间，我曾和他就这些话题进行过一番长谈，因为该国的科学家们曾将大量核反应堆的"核心原料"丢入波罗的海，他们是否打算关闭那些核反应堆呢？在这些废物中存在着一些可怕的物质，比如钚（plutonio），它的名字是对希腊冥界之王普路托（Plutón）的邪恶戏仿。我们不知道那些最发达的国家究竟做了什么，但是，他们在面对诸如绿色和平组织等知名环保组织提出的诉求时所表现出的冷漠态度应当给人们敲响警钟。他们似乎没有意识到，我们的星球正处于物理毁灭的边缘，这就是个人主义和贪婪欲望带来的恶果。

尽管放射性物质意味着巨大的风险，但拥有它依然是展示实力的有效方式。那些最飘摇的国家，例如印度，要么骄傲地宣称自己成了新的核大国，要么就冒着极大风险甘当其他国家倾泻核废料的垃圾堆。我们国家曾多次险些成为后者中的一员。

另一场需要注意的危机是臭氧空洞问题。如今臭氧空洞的面积已经和非洲大陆一样大了！工业气体的排放和"温室效应"导致全球变暖问题再次出现，除此之外，海岛国家还面临着海平面上涨的问题，这些国家的未来处于危机之中。此外，还不要忘记物种灭绝问题：据统计，每天都有七十个物种从地球上消失。

按照别尔嘉耶夫的说法，在古时候，人类世界的建设也是众神的使命。随着"存在"的去神圣化，所有时期伟大的伦理和宗教原则被粉碎，科学试图把实验室变成人类子宫。还有什么比克隆更可怕的事情吗？我们还能日复一日地做着和平时期的工作，而任由某些人在我们身后人为培育生命吗？

现在，没有什么东西是被人尊重的了。

尽管已经意识到了那是种越界行为，可人类依然在穿越制造生命的最后缝隙。媒体的大标题已经通知我们说，克隆技术取得了巨大成功。可是我们，这个星球上所有厌恶对大自然进行最后亵渎的人们，在被卷入这一系列不道德的事件中去之时，又能做些什么呢？

每个人都是独一无二的，都与他人不同，这是我们的天然特质。我们一生中欣赏过的每一片云朵也是与众不同的，人类的手掌、叶片的体积和形状、河流、风和动物也是如此。没有哪只动物和另一只动物一模一样。所有人都神秘而神圣地与他人有异。

如今，人类正处在把自己变成克隆人的边缘：天蓝色的眼睛、性格温和、积极进取、对痛苦没有感觉，或者悲剧性地做好了成为奴隶的准备。机器上的齿轮，体系中的零件，荷尔德林啊，人们再也不认为自己是上帝的孩子了！

年轻人们在苦熬，他们已经不愿意生孩子了。

还有什么比这更能体现怀疑主义精

神吗？

　　就像被囚的动物一样，年轻人们不想冒着风险生儿育女了。我们交给他们的就是这样一个世界！

　　统治我们的人漠视生命，这种背景诱发了这个时代盛行的焦虑情绪，它的表现形式多种多样：厌食症、贪食症、吸毒和暴力。

　　许多年轻人因为不吃东西死掉了，还有许多年轻人因为不断呕吐食物死掉了，我们是怎么把这个世界变成这副样子的呢？我们该如何向祖父母解释这一切呢？说他们不想活了？还是像电视上不断告诉我们的那样，说他们因为想要变瘦而得了歇斯底里症？

　　数十万年轻人成了瘾君子，像黑帮成员一样在全世界的广场上晃来晃去。

　　面对这一切，人们不禁思考地球是否真的正在变成人口过剩的荒漠。在最近几次生态峰会上，人们反复提出，在不远的将来，地球上有可能会爆发争夺淡水资源的战争，这种观点的出现绝非偶然。

这种不幸的凄凉景象，是那些不断嘲笑我们是"可悲的魔鬼"的人造成的。从许多年前开始，我们便在不断就这些问题发出警告，可那些人只是将之视为作家们的奇思异想或诗人们的天方夜谭。

从运用语言颠倒黑白的角度来看，能配得上"现实主义者"称号的，恐怕只有那些肆意破坏现实的人了，从最原始的自然环境，到成人和儿童的灵魂，他们什么都不放过。

当然了，某些乐观主义者毫无惧色地声称每当发生野蛮祸事的时候，人性最终总能占据上风。我们无论如何都不能相信这种诡辩。首先，有些文明从未从野蛮祸事中恢复过来，其次，我们如今面临的是全面的、全球性的危机。

人类的破坏能力在几年前就比二战时期高了五千倍，各国储备的原子弹的威力总量，要比摧毁广岛的那颗大了一百万倍。

每两秒钟就有一个孩子饿死。可几乎相当于犯罪的现实是，人类只需要拿出半个百分点的军费开支就能解决全世界的粮食短缺问题。没有任何迹象表明，上述数字有转好的趋势。在这样一个时代，人类及其力量，似乎只会被用在邪恶的地方。正如布克哈特①指出的那样，我们早已启动的破坏性力量竟然已经达到了可以让草永远不再从土地中长出的地步。

---

① 雅各布·布克哈特（Jacob Burckhardt，1818—1897），瑞士文化史家、艺术史家。

那是在雷蒂罗区的一家咖啡馆里，你走到我身边，讨要几枚硬币，我当时问你是否愿意坐下来聊聊。你是那群被邪恶又古怪的天堂驱逐的天真天使中的一员，你们只能靠乞讨为生。当然了，你不知道我是谁，不过回忆那次相逢的过程总能让我精神一振，因为你尽管年纪轻轻，却拥有那种饱经沧桑的苍老眼神，仿佛岁月摧毁了你的肉体，也摧毁了你的灵魂。

有几次我又回到同一家咖啡馆，我想找到你，和你打个招呼。你不在，但我在其他几个孩子的身上看到了你的影子，在回家的路上，我看到几个孩子在翻垃圾袋，他们把小手埋在那些污物里，而那些小手本该用来玩秋千和旋转木马。不知为何，那时的我想起了兰波。也许是因为他也属于吟唱苦难的那类人。兰波在巴黎街头和从垃圾堆里找食吃的乞丐们一起吃东西，晚上则蜷缩着身子睡在门廊下。我记起了他的那句话："生活在别处。"

此时的我把自己锁在这间旧书坊里，坐在床铺边缘，我又一次看到了你送给我的那幅小画。你画的是一间房屋，我猜想那应该是你梦想拥有的房子，里面有花，窗户不大，挂着窗帘，房屋中央有个大大的烟囱，从里面飘出五颜六色的烟。那是每个孩子都有的五彩缤纷的幻想世界，再怎样悲惨的生活也未曾将它们抹去。

也许你永远都不会读到我正在写的这几行文字；不过，我还是想以某种方式留住你。这个世界啊，太可怕了！

1989 年的一个下午，我和齐奥朗①就这些和其他一些话题有过一次长谈。许多年前，我就听说他想认识我，我没当真，不过后来我多次听到同样的说法。我们约定在他位于奥岱翁街的家里见面，那里距离我住的圣日耳曼酒店不远。

我费了很大力气才说服他不要到楼门口等我，他怕我找不到地方，因而一再坚持；不过这也使我又一次印证了他想见我的说法。我只用了几分钟就走到了他家，他住的是那种典型的法式老楼；爬了六层楼后，我的眼前是一扇木门，在本应挂着"欢迎来访"牌子的地方挂的是个名牌，上面写着齐奥朗的名字。

和许多人（包括我本人在内）设想的不同，令人惊讶的是，在我眼前出现的是个温

———————

① 埃米尔·齐奥朗（Emil Cioran, 1911—1995），罗马尼亚裔旅法哲学家，其名又译为萧沆。

和、矮小、阴郁的人，与他虚无主义领军人的名头格格不入。似乎把他定义为伟大的悲观主义者更合适，只不过有时候他的另一种个性会占据上风——怀疑一切，不信权威。他的脸上始终挂着微笑，既不冷漠，也不孤僻，相反，他是那种密切关注"大众不幸"——这是马拉美的说法——的人，他需要找到一个合适的人来听他倾诉自己的忧虑和思考。也许，我们可以借用斯特林堡的话来形容他："我不憎恶人类，我惧怕他们。"

我们亲切地交谈了四个多小时，直到我不得不离开，因为在不远的一家咖啡馆里，我的朋友塞维罗·萨杜伊①还在等着我。我在齐奥朗身上看到的是真正的思考者的形象，我们两人有许多想法不谋而合。例如，我们都认为应当戳穿理性主义的神话，因为

① 塞维罗·萨杜伊（Severo Sarduy, 1937—1993），古巴作家。

它只会给我们带来极权和不幸。再例如，我们都认为那些坚信社会和文明始终在进步的人是傻瓜。"人类可以抛弃一切，除了对上帝的需求，哪怕宗教场所尽遭损毁，所有宗教都从地球上消失，那种需求也将继续存在。"哲人齐奥朗这样说道，这些话是他复杂而强烈的思考的产物。

我觉得，如果他能去写些虚构文学作品的话，他在形而上学方面的痛苦肯定能得到缓解，因为文学天然具有导泄的作用，同时还因为关乎人类境况的重大问题并不适合内聚于心，而只能用那种神话-诗学、充满矛盾和悖论的方式表达出来，这恰恰也是人类存在的特征。

"在悲伤中，一切都直击灵魂。"他在一篇文章里这样写道，他的文章揭露了这个时代的轻浮特征和虚伪笑容。

我来到桑坦德领取梅嫩德斯-佩拉约奖。

今天早晨我想和埃尔薇丽塔①到悬崖边看看大海，这可能是我最后一次到这里看海了。我正听着海浪声，太阳就开始躲到云层后面去了，我的心里又生出了那种莫名的忧郁感，我时常会在面对不可描绘的美景时有那种感觉。

别尔嘉耶夫所言不虚，他说现代时期的悖论就根植于人性开始变得对抗人类自身这一问题之中。智慧的去神圣化已经把我们推到了悬崖边，逻各斯曾掌控这个世界，但它在试图回应那些迷惑或哭声时却显得如此无力。我们倒向理智，却成就了无知。弗吉尼亚·伍尔夫曾借助笔下人物之口自问："我们应该以什么名字来称呼死亡呢？又该用怎样的词语来描绘爱呢？我不知道。我需要一种情人间使用的简单语言，就像孩子们的语言一样。"

---

① 对埃尔薇拉的昵称。

西方的人文主义精神正在崩坏，身处这个世纪的末尾，我们发现自己竟已无力自问关于生命和人类的问题。

普罗米修斯式的理性成为主流，可它却无力解决人类面临的根本问题，因为如今通过盗火的方式来照亮历史已经行不通了。最后的面纱被揭开时，人类发现自己周遭的一切都如此不稳定，而我们却又无能为力。如果说在最近几个世纪里我们浪费了一次机会的话，那么它指的是我们没有谱写出人类成为主人翁的历史，我们只是又一次让人类成为被惩罚的群体。

许多年前，就像身处盗贼之中的耶稣基督一样，他们在格拉纳达杀死了费德里科·加西亚·洛尔伽①。我经常想：那场可怕的罪行就是这个世界的一个象征，诗歌被连根

---

① 费德里科·加西亚·洛尔伽（Federico García Lorca，1898—1936），西班牙诗人。

拔起，在它原来生长的地方涌出的是苦难和恐惧。

我们本想寻找上帝，却只找见了平庸和冷漠，我们不明白，但可以凭直觉感受神奇又不幸的兰波是带着怎样深邃的悲伤，写下他最初几行那些关于地狱的文字的：

若我没记错的话，我的生活曾是一场盛宴，所有参加那场盛宴的人都敞开了心扉，各式美酒四处流淌。一天晚上，我让美艳女神坐在我的膝盖上。我发现她并不开心。于是我辱骂了她。

我沿着一个广场前行，欣赏着高贵的蓝花楹，我看到那些难以用言语描述的植物，在面对暴雨将至的天空时依然在不停摆动，就像那些在说出赞颂之词时依然会激动地颤抖的人一样。于是，我想到了那些倾向于美的人们的不幸，他们被迫在这种肤浅的文化中挣扎求生，在这种文化中，最能被人们感知的只不过是那些用来消遣娱乐的东西，能刺激到人们、让人们动心的也只是些具有装饰效果的物件罢了。这是这个被理智和冷酷的钢铁摧毁的世纪的悲伤后记。

埃利·威塞尔[①]曾经说过，人类和人类的思想死于奥斯维辛集中营。这就是在这种时代里发生的事情，在类似的时代中产生了断裂、缺口，我们因而有被虚空吸入吞噬的危险。

就像《群魔》[②]中所写的那样，对人类而言，毁灭具有和创造同样的吸引力；而我们生活的这个时代正是那样的时期。我们活着，但仿佛已经熬到了生存的最后边界。我们已经不再确定能够和歌德一起说出"人性

---

① 埃利·威塞尔（Elie Wiesel，1928—2016），美籍犹太人作家和政治活动家，1986 年诺贝尔文学奖得主，1944 年时曾被送入奥斯维辛集中营。
② 陀思妥耶夫斯基的小说。

终将胜利"这样的话了。相反，从地平线上似乎已经传来了将死之人的酣息声。随便看看什么报道或是报纸标题，我们就能明白自己正在变成戈雅名画《女巫的安息日》中的邪恶生物。"理性的美梦滋生怪物。"这位天才的艺术家曾这样预言道。他白天给宫廷里肥胖的妇人作画，晚上则画那些戳穿文艺复兴时期盲目的实证主义假象的画作，就像是在呕吐秽物一般。

最后我们来到了加布里埃尔·马塞尔①所说的"破碎的世界"，当现实逐渐崩坏成碎片的时候，人类也已经身心俱疲了。

我们也许永远都无法完全理解卡夫卡想要对我们说的话，他写出了 20 世纪最深刻、最具揭露性的作品之一，他在那部作品中写出了现代人在谜一样艰难的世界中的那种迷

① 加布里埃尔·马塞尔（Gabriel Marcel，1889—1973），法国哲学家、剧作家。

惘彷徨、无依无靠的状态。原本由形而上学和上帝占据的位置被官僚和权力夺走了，人类就坠入到这样的现实中。这是一个遍布着隧道、连廊、小径和岔路的世界，在混沌的场景中和昏暗的角落里，人类无力实现任何目标，只能瑟瑟发抖，等待失败降临。

第三部分

苦 痛 击 碎 时 间

土壤的深处没有根，

只有拔除的痕迹。

乌戈·穆希卡①

---

① 乌戈·穆希卡（Hugo Mujica，1942— ），阿根廷天
主教神父、诗人。

在豪尔赫·费德里科离开这个世界后，一切都崩塌了。无数个日夜过去了，我却依然无法驱走那种窒息感。

就像是独自一人迷失在了幽暗的丛林中，我徒劳地寻找超越那不可战胜的悲伤情绪的途径。从前——多久之前？这场悲剧发生之前——在失落时，我会在书房里连画几个小时，直到难过的情绪散去。可现在时间已经停滞了，焦虑依旧，我身处这由四面墙壁围成的巨大荒漠中，感到自己被遗弃了。

陷于痛苦之中，巴列霍[①]的几句诗在我脑海的废墟中回荡：

生命中有如此沉重的打击，

仿佛来自上帝的憎恨。

[①] 塞萨尔·巴列霍（César Vallejo，1892—1938），秘鲁诗人。

下午在不知不觉中过去了，我发现自己被黑暗笼罩了，它加深了我的疑惑、沮丧和对那个让我承受如此多痛苦的上帝的不信任感。午后出现了许多侵扰我的奇怪事物，我之前从未察觉到它们的存在。如今连鸟儿的歌声都变了样子，变了味道。黄昏的光线洒在每件物体上，好像把它们带到了一种全新的现实中去，可现在它们又被苦痛扭曲了形状。

一场温柔的秋雨落在花园里，也落在鸟儿和树木身上，也许它们也在思考着我们在意的那些事情，谁知道呢？

在迷宫般的布宜诺斯艾利斯街头，有多少情侣紧挨在一起抵御寒冷呢？那样的动作透露出的是无法用言语描绘的爱意。

透过书房的窗户，我望向花园。花园角落里的茉莉花、中国玫瑰、洋玉兰和其他种类的花花草草总能令我回想起豪尔西托①。

---

① 萨瓦托对儿子豪尔赫·费德里科的昵称。

那种美好又一次让我感到压抑，于是，我不再望向什么具体的事物。我开始观察那些不起眼的东西：橡皮、铅笔、日历、我的手表。上帝啊，我这是在做什么？

伴着轰鸣声，一架波音飞机从上空飞过。它要去哪儿？去做什么？我看到一只小蜘蛛正在我的书桌上努力爬行，它兴许也有个和它的体积相匹配的小目标吧。我继续看着它爬行，它来到桌边，沿着自己吐出的一根蛛丝向下爬去；我满怀期望地继续观察着那个小生物，直到它从我的视线中消失。它不像我们一样总是在做着算计，也不像我们老是在提出假想，我们想要证实……证实什么呢？

我的生命似乎正在像《隧道》所写的那样走向终点，我的生命里也充斥着平行的窗户和隧道，一切都透着无尽的绝望。这些悲伤至极的比喻在死亡临近之时再次出现，太奇怪了！太可怕了！

埃尔薇丽塔跟我提起了耶稣基督，她想用他面对人生和苦痛的宗教态度来鼓舞我。

我在书桌上摆了张豪尔西托的照片，此时我正盯着它看，真希望能再次把他抱在怀里。我多么想让时间倒流啊。这种让人窒息的压抑感究竟什么时候才会消失呢？

思绪撕扯着我。话语此时又有什么作用呢？我宁愿拿我所有的作品——多么可怜，多么荒唐，多么脆弱，多么无力，可除了它们我还拥有什么呢——以及我的"名声"（我必须在这两个字上打上引号）荣誉和奖项，去交换再一次与豪尔西托亲近的机会。

我又一次来到了阿尔巴尼亚，我是去领取卡达莱奖①的。我情绪很差，但我还是去了，因为我无法再次拒绝那个贫穷但英雄的国家，而且他们还打算把该奖项首位获奖者的殊荣交给我。

　　在地拉那，我参加了人生中最激动人心的致敬典礼之一。那个民族曾经受过暴君统治，至今仍能看出独裁政权的影响。一副副饱经沧桑的面孔、一座座幽暗诡秘的地下掩体，那是暴君建造的工事。那里的人们热情地招待我，仿佛我是善人、是国王、是被爱护的孩子。

　　在让人难忘的颁奖典礼上，人们载歌载舞。一位诗人交给我一盒从我母亲的故乡挖出的泥土。一个伟大的作家给我展示了一个笔记本，那是他在监狱时光中偷偷藏起来

————————

① 以阿尔巴尼亚当代著名小说家、诗人伊斯梅尔·卡达莱（Ismail Kadare, 1936—）命名的文学奖。

的；他用极小的字体抄写了加缪的一篇文章和我的《毁灭者亚巴顿》 （*Abadón el exterminador*）中与"亲爱的远方的孩子"相关的段落。他哭着对我说，在他被当作政治犯关在暗无天日的牢房中的那许多年里，他每天都会偷偷阅读自己抄写的这些文字，为的就是抵抗那一切。听说我写的东西曾经帮助过那位英雄，我激动得颤抖了起来，他是那个国家无数英雄中的一员，可如今那里又再次陷入了战乱。

第二天，那里的人用鲜花和音乐送别我们；由于过于激动，我在维也纳机场的过道里摔倒了。埃尔薇拉赶忙跑去叫来医生，几小时后我们才得以再次启程，奔赴马德里。

回家后，我又想起了在我的先祖生活过的那片土地上看到的事物，那个民族曾经受过漫长的苦熬岁月；我永远都会记得那些看到自己的孩子以最残酷的方式死去的母亲们，尽管如此，她们依然那么慷慨大度。我孤独地待在房间里，我被豪尔赫离去的现实击垮了，我问自己，为何上帝似乎总是藏身于苦痛背后。

我在家中走动，在另一个时期，我们大家曾一起分享这栋住宅，可如今却只剩我漫无目的地独自在里面晃荡。豪尔西托，我停在了你的画像面前。伟大的诗人、无数精彩绝伦的短篇小说的作者西尔维娜·奥坎波（Silvina Ocampo），也曾在我们非常亲近的那个时代做出过类似的举动。那已经是很久、很久之前的事情了。

我把那个十岁小男孩的画像拿在手里，满心遗憾地观察着他身上的一个又一个特征，我曾经认为他将永远陪伴在我身边。于是，伴着皱纹和泪水，我慢慢回忆起了那段时光，它已经逝去，但却如此神圣，如此让人留恋。

我独自在书房中忍受孤独，我听着你曾那么喜爱的舒曼的钢琴五重奏。那个真诚、忧郁又不幸的音乐家曾失去理智，跳进了莱茵河，你是怎么理解他的呢？

每次提起舒曼，提起他的家庭和故事，

你的眼神就散射出光芒，你总是重温关于他的一切，就好像你在思念他，又好像这样做能帮你生活下去。你崇拜舒曼那充满诗意和柔情的音乐才华，你也感动于克拉拉对舒曼的无限爱意。她陪伴他、支持他、保护他。哪怕在他去世之后，也是她在费尽心思传播他的作品，让全世界理解舒曼的价值。

我又记起了那无数个午后，我跟你和马里奥聊各种各样的话题，咱们通常都会在结束谈话前聊聊音乐。咱们都认为勃拉姆斯是最棒的音乐家之一，当然贝多芬和巴赫也是。还有伟大而超凡的舒伯特，他永远也没能听到自己最后创作的几首五重奏被演奏出来。

豪尔西托，你到底在哪儿呢？如果你现在跟他们在一起的话，大概也会同样难过、同样忧郁吧？

豪尔赫，我似乎正在看着你和玛蒂尔德一起弹奏那些帮助我们忍受世间苦痛的动人乐曲。

　　你从很小的时候起就表现出了惊人的音乐天赋。马丁内斯·埃斯特拉达建议我们送你去跟斯卡拉穆扎①的一位女弟子学钢琴，正是她发现你拥有无与伦比的听力。在某场年终演奏会上，伟大的音乐评论家德乌尔瓦诺（D'Urbano）这样说道："有两个年轻人注定要成为伟大的独奏家；一个是萨瓦托的儿子，另一个则是名叫玛塔·阿格里奇②的姑娘。"后来，爱泼斯坦向我保证说你肯定会成为出色的演奏家，但却当不了作曲家，可就在那时，我切断了你和音乐的联系。我那样做是因为我认为当音乐家是种残酷的命运，你得不停地上下飞机，入住不同的酒

---

① 即意大利著名钢琴教育家斯卡拉穆扎（Vincenzo Scaramuzza, 1885—1968），他出生于意大利，逝世于阿根廷。

② 玛塔·阿格里奇（Martha Argerich, 1941—），阿根廷钢琴演奏家。

店，居无定所，没有家庭，远离日常生活中的细微事件——它们虽然不起眼，却能帮助我们生活下去。尽管真心喜爱音乐，可你却从来没有因为我的决定而怨恨我，你只是依然会在每天下午，筋疲力尽地结束一天的工作后，回到音乐的世界里，回到你那隐秘而真实的所爱中去。

豪尔赫，我向你致敬，因为你那高尚的人格，因为你在令人愤怒的时刻仍能保持镇定。你很有才华，许多人剽窃你的研究成果和想法，但你却不以为意。你应当为你的妻子莉迪亚感到骄傲，尽管忍受着巨大的痛苦，她却依然在进行斗争。还有你的女儿们，丹特和安妮继承了你的天赋才华和正直的品性，她们是和你一样的人。

我从未经历过同样的痛苦。我认识的人中最伟大的一位去世了，他是如此慷慨，总是不吝于赞美那些他崇拜的人：舒曼、勃拉姆斯、贝多芬、马尔罗、托马斯·莫尔、圣-埃克苏佩里。豪尔赫懂得尊重他人，总是怀着爱意对待穷人和残疾人，他为这些人奋斗了一辈子。当上部长后，他马不停蹄地走遍了这个国家，走访过最偏远地区的诸多学校。

在 1998 年的这个午后，我继续听着他喜爱的音乐，我在心中始终保留着无尽的希望，我们终会在某个时刻相遇在另一个世界，也许，也许那个世界真的存在吧。

我出门到布宜诺斯艾利斯街头散步，在某种隐秘预兆的指引下来到莱萨玛公园古老的小路上。被回忆压抑得难以呼吸的我停在了塞雷斯雕像前，神秘的是，四十年前，马丁正是在这里遇见亚历杭德拉①的。当我们失去了生之意义的时候，往往会在不自觉中，来到那些我们曾经应对过关于存在的质疑和焦虑的地方。

　　就这样，我经常来到这个广场，坐在那里的长椅上——昨天就去过。我会在那里待上好几个小时，观察那些在布宜诺斯艾利斯以及世界其他大型城市中随处可见的流浪汉。他们就像是些海难遇难者，在大洋中遇到了风暴，只能无力地将漂流瓶丢入大海。直到有一天，有人读到那些难以辨识的文字，却不知道是谁写下了它们，也不知道上

---

① 马丁和亚历杭德拉是萨瓦托的小说《英雄与坟墓》中的主要人物。

面的文字是关于爱情还是灾祸的。可是昨天，巨大的失落感压垮了我，埃尔薇拉只得把我带走——她几乎是把我推走的——只有这样才能使我迈开步子，我已经压抑到了这种程度。

今天，我想谈谈埃尔薇拉·贡萨雷斯·弗拉加在我的生命中扮演了怎样的角色。这样做也是为了向她表达谢意，因为她实在帮了我太多。

她用超凡的才华和极致的敏锐在文学事业上帮助我，至今已有十八年多了。我一直希望她写的东西有朝一日能获得出版的机会。

我很激动地想到了她的爱意，想到了她为我的作品被译成其他语言、我的画展能顺利举办、我的演讲和讲座能获得成功所做的细致工作，她为我创造了无数的可能性。她也曾陪伴着玛蒂尔德，帮助其整理诗歌和其他文字，把它们送到南方出版社的印刷厂去。

自从玛蒂尔德患病，埃尔薇拉就成了我倾诉痛苦和焦虑的对象。在这段充满苦痛的时期，如果离开埃尔薇丽塔的支持和信念，我恐怕早就活不成了。我不知道自己是否还有机会旅行，此时我在巴黎陪着她到穷人圣朱利安教堂——一座漂亮的小教堂——去的记忆又涌上了我的脑海，我们一起在那里参加了一场东正教的仪式。那是十分超然的时刻。

后来，在长达数月的时间里，我经常陪她去参加乌戈·穆希卡主持的弥撒，穆希卡既有天赋，又有足够的信仰，我就是在那期间第一次领圣餐的。埃尔薇丽塔算得上是我这一生中最爱的人之一。

在广场上，面对火车站，我一直在观察一个小男孩。我又一次感觉到对于孩子来说，时间总是过得很慢，就好像停滞了一般。那种无限的时间在已经过去的三王节和下一个三王节中间蔓延，在两次生日中间会发生那么多事，做那么多梦，孩子们总觉得下一次过生日是那么遥远的事情——变老也是一样。

时间的"滞留"使得童年时期成为人们最脆弱又最肥沃的时期，孩子们分享着大树的平静和大地的生机。时间仿佛没有终结之时：还要多久才过圣诞节啊？还要多久我才过生日呀？对他们来说，过去不存在而未来不可见。于是，每一天都变成了永恒。在书房里，我经常会独自思考或与朋友讨论这一话题，讨论心理时间和现实时间的差异：所有人拥有的现实时间全都相同，但心理时间则因人而异。

童年时觉得时间过得很慢也是这个原因，人慢慢变老，时间仿佛也在缩短，就像是天体运行的轨道越来越狭窄了，而它的速度却越来越快了，我们还没来得及享受生日礼物带来的喜悦，某个新的纪念日就悄悄临近了。

随着时间的推移，过去的分量越来越重，生存的重量似乎使得天平向另一侧倾斜了过去。等到一个人再也没了工作的气力、激情、冲劲以及对其他事业的向往，他往往就只能心不在焉地苟且于当下了。人生似乎变成了一场不再受到关注的游戏，因为位于最深处的本我已经被固定在了生命中最闪耀的那些时刻。

然而，就像雄鹰回旋一般，我有多少次体验到了重生的感觉啊！文学创作又有多少次赐予了我永恒的光辉啊！

我又重新阅读了圣奥古斯丁的作品，记起了当年与他在某些看法上的相似和相左之处。我认为，在西方哲学史上，圣奥古斯丁是第一个提出心理时间概念的人，他的看法当年曾让我激动不已；相反，当年我根本没留意他对永恒的看法。

在永恒中，一切都没有发生，万物尽在今时，过去是由未来推动的，未来跟随过去出现，谁会让人们把心脏停下来，以便他观察停止跳动的心脏呢？同理，既然我们身处静止的永恒之中，永恒就既不属于过去也不属于未来，那么过去和未来又怎么能掌控一切呢？

在过去的日子里，创作的焦虑总能推着我向前。我当时认为人类和时间是不可分割的，我向着未来前进，也就是向着我的命运前进。后来，时间慢慢加速，我却感觉自己只能默默接受这一现实，于是不得不放弃了许多计划。

豪尔赫·费德里科去世后，我当时对时间的理解已经没什么意义了。时间的流逝不再让人措手不及、紧张焦虑，一切都陷入让人撕心裂肺的空虚之中。

我无力让豪尔赫死而复生，因此求助于

宗教、灵学和民间秘术，但我没把上帝当成能给我肯定或否定答案的人，而是当成拯救我的人——祂会拉着我的手，就像我们拉起受伤的孩子的手一样。从前那些我带着批判性目光阅读的东西，如今却成了我的精神甘泉。

我又读起了雅斯贝斯①。只读了几页我就读到了他引用的埃皮克提图的话："哲学的本源是认识到自身的脆弱和无力。"

曾经有多少次，当我陷入深深的失落和最绝望的焦虑时，是艺术创作拯救了我，成为我的堡垒！我当时相信帕韦塞的话，他说我们能在受罪时学会点石成金、转不幸为荣耀的炼金术。但是，豪尔赫的离去成了我难以治愈的伤口。我知道无论创作出怎样的作品都无法缓解我的痛苦，我甚至觉得通过绘

---

① 卡尔·雅斯贝斯（Karl Theodor Jaspers，1883—1969），德国哲学家、神学家、精神病学家。

画或写作来分神的做法会更显出我的卑微。

我颤抖着回想起了在我的人生中曾出现过的一次重大征兆。在豪尔赫去世几年之前，我想写个关于老人的故事，设想的主人公是一个小村里的手艺人，是那种心地善良、相信生活美好的人。他唯一的亲人是小孙女，他很爱她，给她讲述许多美妙的传奇故事。我想让那个老人身处绝境：如果他失去了小孙女，而他本身又如此纯洁善良，他还会继续相信生之美好吗？我不知道那位老人会作何反应，我希望直觉能引导我写下那个故事。可我当时沉迷绘画，最终也没把那个故事写出来。

现在，身处绝境的人变成了我自己，痛苦感停滞了时间，不停地炙烤我。

我知道雅斯贝斯说过："人们在身处绝境时会生出种根本性的推动力，它会指引人们在失败中找到通往本性的道路。"他还说，"感悟失败的方式决定了你会成为怎样的人。"

我不明白。不过，我可以肯定地说我的生命时间已经崩坏了，在豪尔赫去世之后我已经不再是我了，变成了一个极度需要被爱的人，我不停地寻找某种迹象，想要证明永恒是存在的，而我能在里面再次和他相拥。

7月，《胡安·拉瓦耶之死》（*Romance de la muerte de Juan Lavalle*）在塞万提斯剧院上演，梅塞德斯·索萨①慷慨献声。那场演出让我们激动不已，我们仿佛重新穿越回三十年前，当时索萨第一次用她那天籁般的嗓音抚慰达玛西塔·博埃多②的痛苦。

一年前，我们把这场表演带到了这个国家内陆的那些古老而贫穷的城市去，例如古老的萨尔塔（Salta）和科连特斯（Corrientes），还有美丽而英雄的胡胡伊（Jujuy）。它们被历史铭记，也把自然之美展现给了我们。在乌斯怀亚（Ushuaia），面对世界尽头谜一样的群山，我有些心神恍惚；同样的感觉在面对马德林港的海狮和鲸鱼时又再次出现了。

---

① 梅塞德斯·索萨（Mercedes Sosa，1935—2009），阿根廷歌手。
② 达玛西塔·博埃多是胡安·拉瓦耶将军的最后一位情人。

我知道，把《胡安·拉瓦耶之死》搬上舞台的想法很难实现，除非能找到一位伟大的作曲家和我一起做这件事，那个人就是天才的爱德华多·法鲁（Eduardo Falú），他还拥有无与伦比的嗓音。

在雷西斯滕西亚（Resistencia），我有过一段具有决定性意义的经历。那是今年年初的时候，巴拉那河发了大水，那里满眼尽是贫穷景象，但同时处处闪耀着人性的光辉。这十分让我动情，就好像二者是不可分割的一般，又好像人类最本质的东西会通过物质的匮乏流露出来。

山里的大河水势暴涨，洪灾愈发严重，冲毁了那里的房屋，也毁掉了人们的收成。巴拉那河随时都有可能冲倒堤坝，淹没城市和邻近的村庄。

无数家庭被迫撤离，在那种危险的环境中，在倾盆的暴雨里，让人激动的是看到人们并没有自顾逃命，而是在互帮互助，我们能透过危机看到怎样的人性啊!

我和爱德华都深受感动,我们决定要在灾后为灾区的一个印第安小村做些什么。

在这些内陆小村中生活的人的处世态度令人肃然起敬;在他们承受贫困的方式中,我们看到了最具诗意的生活的影子。他们在谦逊地向我们展示那些我们这边已经感受不到的价值——我们甚至连时间也感知不到了。

我从玛蒂尔德去世的屋子门前走过,在离世前,长期的病痛折磨令她的身体在许多年里都十分虚弱。在邪恶战胜了她的那段日子里,她被护士们和格拉蒂丝细心照料——忠诚的格拉蒂丝,她现在和我一同承受着玛蒂尔德辞世的痛苦。她们把她当作没有自我保护能力的小婴儿那样照料。女人要比男人伟大太多了! 玛蒂尔德也接受过许多知名医生的诊疗，我们的朋友斯特拉·索尔蒂①是帮助我们度过那段苦痛期的关键人物。

我总是倚靠在门边，听着屋里发生的事情，我总是这样，听着。护士经常陪她说话，就好像能理解她的意思似的，直到她用微弱到几乎难以听见的声音做出回答——她的声音仿佛是从极为遥远的地方飘来的。有一次，玛蒂尔德对我说她整夜没睡。她说有只蓝黑色的漂亮大鸟飞到她身边，对她说她时日不多了。那是场十分清晰的梦，让她的内心感受到了某种平静。

护士回到屋里，我则来到书房，关上了房门。我在书房里坐了很久，我经常这样，向花园望去，不知道自己该做些什么。我什么也不想干，只是不停想着一些阴郁而模糊的事情。

---

① 斯特拉·索尔蒂（Stella Soldi, 1924—2011），美国演员。

我是多么压抑啊！这间屋子怎么会变得像现在一样昏暗呢？从前，这里到处飘荡着孩子们的喊叫声，尤其是他们过生日的时候。这里还有玛蒂尔德在晚上讲述她编的故事，来哄小孙儿们睡觉的声音。还有玛蒂尔德的朋友们来和她聊天的那一个个午后，尤其是胡莉娅·孔斯滕拉和安娜·玛利亚·诺威克。啊，这一切竟已那样遥远。

我怀着极度难过的心情，回想着她因为我的过错而承受过的那些痛苦。我想起了把她独自留在巴黎的那个下午，我那时和一个在俄国革命爆发前曾是伯爵夫人的女人走了。是个曾经的皇室成员、彼时已变成计程车司机的男人把她介绍给我的，我们一起聊契诃夫、陀思妥耶夫斯基和托尔斯泰。在超现实主义时期，我过着放荡飘摇的生活，我把玛蒂尔德留在了港口，她的怀里还抱着小豪尔赫，那是多么可怕的罪过啊，我一辈子都在为此谴责自己。因此，在街上，在火车上，每当有人向我走近、跟我握手时，又或是一些女人，还有些老嬷嬷走过来，对我说"愿上帝保佑您许多年"的时候，我总是会自问是否配得上这一切。我辜负了那个女人太多次，可她却把灵魂和生命都倾注到了我身上，制止了容易泄气的我把自己写的所有东西丢进火堆的冲动。她一直是我的第一读者，也是最严厉的读者，同时还是最亲切的读者。她的建议总是恰到好处。玛蒂尔德总是在页面边缘用黑色铅笔轻轻写下她的建议，全都很有道理。

她是个十分勇敢的女人，哪怕迎着千难万险也一直在支撑着我。不过，我也与另外两个以无限慷慨照顾我的女性建立起了紧密的联系。① 我就像一座老旧或修葺不善的房屋一样，总是需要被支撑着。

在她生命中的最后几年，我看到她被病

① 指格拉蒂丝和埃尔薇拉。

痛折磨得不成样子，那是我对她爱得最深沉的时候。我想到自己的人生是如此复杂、危险、矛盾，而她以巨大的勇气承受了这一切。在她身边，我经历过危险、爱情、苦涩、贫穷、政治觉醒和悲伤至极的别离，我总是希望被暗夜暴雨摇曳的小船能够重归平静，而我也能再次在群星闪烁的天空中辨识出南十字星，让它再为我指明方向——我们曾一起坐在广场上的长椅上欣赏南十字星，那时我们都还年轻。很多很多年前，那对我来说是个巨大的谜团，我曾听到她喃喃吟诵曼里克①的诗句：

生活怎样过去，

死亡如何前来，

尽皆静谧无声……

① 指西班牙中世纪诗人豪尔赫·曼里克（Jorge Manrique，1440—1479）。

今天下午，我正和艾丽卡的小女儿雅思明玩，卢西亚娜带着她三个月的宝宝来了，那是我的重孙伊格纳西奥，我还记得胡安·塞巴斯蒂安还是小男孩的时候，就是卢西亚娜在照顾他，她总是那么富有母性。

再后来，马里奥来找我了，他带我去听他加入的那个合唱队的演唱活动。他有超凡的音乐才华，毫无疑问会成为音乐创作人。

这段时期我又重拾精神，向爱我的人打开了家门，他们关心我，给我读东西，不断激励我。我觉得，从某个层面来看，我是属于他们的；让我感到宽慰的是，等到我不在了，这间房子还会在格拉蒂丝的照料下继续向他们敞开大门。我请求加夫列拉·莫里内利①尽最大努力满足我的愿望，我希望所有人都能照顾格拉蒂丝，无论是两边家庭的亲人，还是始终陪伴我们的那些伟大的朋

① 萨瓦托的律师。

友们。

我和玛蒂尔德是在大约六十年前搬进这里生活的，我们的孩子们就在这里度过了童年生活，马里奥还在这里拍了他的头两部充满诗意的电影。他和埃莱娜一起住了进来，孙子一辈儿也在这里降生：卢西亚娜、梅塞德斯、吉多。在这里，我们过过穷日子，但也有很多生命中的大事件发生。

我把喜欢的画作挑了出来，希望它们成为属于这栋房子的遗产，还有我第一版的作品，再加上玛蒂尔德写的书、她的诗歌和未发表的短篇故事。我希望家里的一切保持原样，斑驳的墙壁上的裂痕也不要修补。还有玛蒂尔德的那个老旧的俄式茶炉和一套《南方》杂志——那套杂志启蒙了我的文学道路。

我的作品诞生于这栋房子中，玛蒂尔德则是在这里辞世的，花园里种着古老的南美杉、桑树和有百年树龄的松树。

我收到过许多感觉自己身处深渊边缘的年轻人写来的信——不仅来自我们国内，也来自许多其他国家。有个十七岁的小伙子，读了我的小说，从一座法国内陆城市给我写信。他在信里提到了兰波，信是手写的，我从他的文字中感到了深深的绝望。我感觉他有可能会自杀，这种想法让我感到害怕，这种悲剧总在全世界范围内上演。年轻人们跟我谈论他们的悲伤，说他们想结束自己的生命，还对我说他们很依赖马丁和奥登西娅·帕斯①，因为这两个人物可以帮助他们抵抗残酷无情的生活。

我总是为这些年轻人担心，他们的眼睛注定要看到美好，但也注定要看到不幸，因为，还有什么比成为渴望追寻绝对的人更不幸的事情吗？

我年轻时曾经多次生出自杀的念头，但

———————

① 均为《英雄与坟墓》中的人物。

最后，我想到自己的死会给所有爱我的人带来巨大的伤痛，就打消了那个念头。我们的离去总会成为某些人心中无法愈合的伤口：母亲，父亲，兄弟——无论他们生活在离我们多远的地方。又或是某个亲密无间的朋友，甚至是一条狗，这也足够了。

最近这些年一直跟着我工作的迭戈·库拉特亚，让我想起了加缪的话："真正严肃的哲学问题只有一个：自杀。判断生命是否值得延续，这是在回答哲学的根本问题。"我在思考人生和这种神秘结局的某些时刻，例如我没有力量继续写作的时候，再比如我觉得一切——这本书，尤其是这本书——皆荒诞、皆无用的时候，我又能怎样去鼓舞那些绝望地向我求助的人呢？迭戈为我阅读伟大的思想家们的著作，或是再次唤醒我对某些已经忘却的名句的记忆；他用这些哲学思考说服了我，让我为那些失去信仰的年轻人写完这本书，他们如今比以往任何时候都更需要作家们的启迪。他让我回想起我的一本小说中，人物布鲁诺曾这样说："任何关于一个个体的希望和不幸的故事——哪怕只是关于一个默默无闻的单纯孩童的故事——也有可能展现所有的人性。写关于年轻人的故事，他们在这个无情的世界上遭受了太多折磨，他们配得上描写他们的经历和苦痛的文字。"

于是我继续写这份证词、后记，或精神遗嘱，或者随便人们怎么称呼它。我为那些迷失方向的青年男女而写——他们有时会羞涩地走到我身边，还有些时候则会像海难遇难者一样，在大海上寻觅可供搭扶的木板。那也正是我自认能给予他们的东西：一些不够牢靠的残缺木头。

我停下手头的事情，观察起了一张照片，照片里出现的是萨尔塔城里的一个擦鞋小童，他那时十分热情地跑来拥抱我。我盯着照片里的他看了很长时间，他就像是一尊古老的圣像，向我们展示上帝虽然遥不可及，但的确隐藏在某个地方。他的眼神清澈明亮，仿佛有什么东西带着他超脱于这个满是恐怖和悲伤的世界之外似的。那个小男孩尽管干着卑微的擦鞋的工作，却让我看到了上帝的影子。我从未真正信仰上帝，因为觉得他代表的是宗教精神。不过，有时候我也会充满矛盾，有时倾向于相信疯狂的奇迹的存在，有时又会陷入悲观和绝望的泥潭。也许因为人们总是希望得到许多，但又经常遭受失落；尤其是在生活慢慢夺走那些我们看重的东西的时候，就像塞尔努达说的那样："事物被抽离，爱也停顿了下来。"如何保存信仰？如何能不产生怀疑？尤其当我们看到一个小孩子死于饥饿时，当我们身处巨大痛苦之中时，当我们罹患白血病或脑膜炎时，又或者，一个又老、又饿、又孤独、又无人关怀的退休老人上吊自尽的时候——这些事情现在就正在发生。上帝，你在哪儿呢？你的孩子喊出那句悲伤的话时，你该如何回答他呢？在这种时候，信仰异教难道不是天经地义的事情吗？这样一来，所有事情就都能讲得通了，至少对于普通人来说是这样，那些撰写成千上万页文字来为你的缺席进行辩解的神学家们当然不会这么认为。就像陀思妥耶夫斯基说的那样，上帝和魔鬼在争夺人类的灵魂，战场就是不幸之人的心灵。如果那是场没有尽头的战斗的话，如果上帝并非无所不能，甚至无法战胜魔鬼的话，又如果？就像许多人说的那样，最终获胜的是魔鬼，上帝早已被他监禁起来了，更可怕的是魔鬼已掌控世界，让最天真的信徒相信他才是上帝，并以这种方式让上帝丧失威信的话……太可怕了！那么生命还有什么意义呢？

许多人怀疑那个善良的上帝是否还存在，如果他还存在的话，为什么会允许如此多无辜的生灵受苦受难呢？甚至连利雪的圣特蕾萨①这样的圣徒，直到临死前都仍然对这个问题抱怀疑态度；在暴风雨中，修女们听到她说道："亵渎神明的话语甚至深入到了我的灵魂之中。"冯·巴尔塔萨②说过，只要大地上还有一个人在受罪，每次想到天堂里的安逸生活他就会生出伊万·卡拉马佐夫③的那种愤怒。然而，后来他还是在最纯洁、最绝对的信仰中死去，就像陀思妥耶夫斯基、克尔凯郭尔和着魔的兰波一样，他在病榻上乞求姐姐给他做临终圣事。

---

① 利雪的圣特蕾萨（Thérèse of Lisieux, 1873—1897），法国修女，1925 年被封为圣徒。
② 冯·巴尔塔萨（Hans Urs von Balthasar, 1905—1988），瑞士神学家、天主教神父。
③ 陀思妥耶夫斯基名著《卡拉马佐夫兄弟》中的人物。

按照亵渎神明的神秘主义者西蒙娜·薇依①的说法："苦难是人优于上帝的力证。要让那种优越性不显得像做戏，肉体凡胎就成了必要。"于是，在我抛开总是令我感到困惑的理性时，同样深受天父缺席之苦的耶稣基督的形象宽慰了我。马查多曾说，他在迷雾之中找寻上帝，同样地，我在圣奥古斯丁的《忏悔录》的某些片段中找到了一扇半开的门，从门的缝隙中透入一丝光线，照亮了我们。在欣赏多纳泰罗那悲伤又富有表现力的雕塑《抹大拉的玛利亚》时，我问自己：如果不经历那些残酷和难以理解的苦痛，是否能获得信仰？

我们都喜爱奥斯卡·王尔德，可难道在他降生时，他的母亲没有承受巨大的痛苦吗？在最后那封动人的信件中，他回忆起自

① 西蒙娜·薇依（Simone Weil, 1909—1943），法国哲学家、作家、神秘主义思想家。

己被从监狱转移到法庭的途中，周围挤满了人，他戴着手铐走在看管人的前面，抬起头，看到一个朋友正向他脱帽致意。在那极度庄严的举动面前，周围的喧嚣声尽归沉寂。在那封信里他写道："有苦痛的地方，就有神圣的土壤。"那次的经历帮助他永远摆脱了之前的放荡生活，他再也没有去之前常去的聚会沙龙。人类最崇高的地方就在于那种在废墟中起新楼的精神，人们不知疲惫地支撑着它，使它不断在撕裂和美丽之间摇摆。

后　记

失　败　者　的　盟　约

在理性主义的沙滩长椅上

我们失败了

我们退了一步，再次触碰到了

那块神秘的险石

冯·巴尔塔萨

我对你说，再通过你，对那些给我写信或是在街头将我拦下的年轻人说，也对那些从咖啡馆的其他桌子上向我望来的人们说：别害怕，请过来吧。

我不想在对你们说出这些话前死去。

我相信你们。我给你们描绘过许多可怕的东西，在很长一段时间里，我都不知道自己还会不会再次跟你们谈起这个世界上正在发生的事情。例如我们每个人都会面对的危险，不管是富人还是穷人。

这是他们不明白的，我指的是那些大权在握的人。他们不明白，自己的孩子们也处在可悲的境地中。

我们不能让自己一直沉浸在失落之中，因为对于那些死于饥饿的孩童的父母来说，失落也是一种奢侈。而认为躲在家里就更安全的想法，也是不切实际的。

我们必须对这个世界敞开大门。不要认为灾难都发生在他处，要把它们当作在自家厨房里燃烧起来的火堆。我们的土地和生活都正处于危险之中。

我把荷尔德林的话送给大家：

神灵的火焰夜以继日地指引我们前行。来吧！让我们望向开放的空间，让我们寻找属于我们的东西，不管它距离我们有多遥远。

没错，年轻人们，要把这个世界的命运扛在肩上，挺身而出去捍卫它。这是我们的使命。

不应该认为这是政府该做的事情。政府已经忘记了——几乎可以说全世界的政府都是如此——它们的目标是要让普通大众也过上幸福的生活。

在这个排斥"异类"的世界里，团结就成了具有决定性意义的因素。当我们不再漠视他人的苦痛，我们的盟约会将我们摆在不幸的历史之上的位置。

可在那之前，我们得先接受自己是失败

者的事实。如若不然，我们就会再次被电视机里的预言家们拖着走，被那些把经济发展当作拯救世界的灵丹妙药的人拖着走。消费并不是天堂的替代品。

人类的危机已经十分严重了，我们所有人都受其影响。可尽管如此，依然有人在努力捍卫高尚的价值观。在全世界，有无数人在英雄般地于悲惨境况中挣扎求生。他们都是殉道者。

人们从火车和公共汽车上走下来，做完了非人道的工作，或是压根儿连工作都没有找到。有些女人刚刚年过三旬，就因为养育子女的辛劳和寻找哪怕报酬微薄工作的压力折磨得苍老体弱。孩子们四处流浪，老人们露宿街头。所有人都在受穷，所有人都在受罪。

有一次，人们问帕索里尼为什么对边缘人士的生活如此感兴趣，例如《罗马妈妈》的男主人公。他回答说，那是因为，生活在那些人的悲惨命运中，保留下了神圣的一面。

我搜集的剪报、纸片能够帮助我生活下去，其中有一张两年前智利康塞普西翁（Concepción）大地震时的照片：一个贫穷的印第安妇女，正在她自己用锌皮和纸板重新搭起的不牢固的小屋前，用一把旧扫帚扫地。与此同时，在世界上的其他地方，还有人关起门来为神学方面的问题殚精竭虑！那个贫穷的印第安妇女继续清理房屋、照料孩子的画面难道不更有说服力吗？这些人向我们展现的，正是我们常常怀疑的上帝的力量，祂借由他们现身，就像荷尔德林说的那样，救世主只会在危险的境地中出现。

在历史上，每当我们要屈服的时候，总会被最无依无靠的那部分人拯救。我们应该好好品味一下玛利亚·桑布拉诺①的这句话："从来就不是由可能化为现实，而是由不可能化为现实。"许多当下人们认定的乌托邦，会成为未来的现实。

你会对我说，你可能会对我说：不再信任一切的理由有很多。

像你一样的年轻人，深渊的继承者们，在一片没有为你们提供藏身地的土地上漫游、流亡。在这个存在主义和形而上学已遭排斥的世界里，你们像没有天空也没有住所的孤儿一样在受苦。我明白你的苦恼，也明白你的茫然，因为你生活在这样一个虽然高墙已倒塌，可新的地平线仍然遥不可及的世界里。虚假的光线试图通过屏幕吸引你的注意。你应该想想，如果人类存在的价值比不上一条广告的价格的话，那么变革就不可能

---

① 玛利亚·桑布拉诺（María Zambrano，1904—1991），西班牙散文家、哲学家。

出现。由于我们对灾难的严重性越来越心有余悸，怀疑的态度也就愈演愈烈。最崇高的感情堕落为平庸，人类也随之退化成了某种可悲的生物，人性已经愈发难以辨识了。

我也有许多困惑，有时甚至会想，我赋予存在意义的那些论述是否成立。克尔凯郭尔说过，有信仰就是指有保持怀疑的勇气，这句话使我又重新振作了起来。我经常在绝望和希望之间摇摆，而希望每次都能占上风，若非如此，人类恐怕早就不复存在了，也许在一切初始时就已消失了，因为人类有足够多的理由怀疑一切。不过，和疯狂一样，正是因为有怀疑这种深刻且非理智——人类如果只拥有理智的话，该多么不幸啊！——的情感存在，我们才能一次又一次自救。尤其是女性，因为她们不仅赐予人们生的权利，还懂得如何保护人类这种谜一般的生物。怪不得某个有千年历史的古老文明会认为，在分娩中死去的女人的灵魂会和在战斗中死去的战士的灵魂前往同一个天堂。

因此，我才会跟你说这些，我希望给你带来的不仅是启迪，更是信念。

许多人质疑我对年轻人的信任，因为他们认为年轻人要么极具破坏性，要么就麻木不仁。在灾难之中，有人会试图借毒品麻痹自己，这是很自然的事情。但问题是，愚蠢的人想要证明这只是单纯的法律问题，可实际上，它是我们这个时代精神危机的结果。

我每天都会再次坚定对你们的信任。有太多年轻人在狂风暴雨中依然坚持斗争，为他人献出自己的时间，甚至宝贵的生命，在街头、在监狱里、在贫民窟中、在医院里。他们向我们证明，在这个充斥着虚假胜利的时代，为那些被认为已经失去的价值而斗争的行为，才是真正的抵抗。

我在阿尔巴尼亚曾结识了一个叫沃尔特

的阿根廷小伙，他离开了位于图库曼省①的家，到那里去和特蕾莎修女的团队一同照料病患。我每次回想起他，都会激动万分。每当看到从那个真诚的国度传来的可怕消息，我就会问自己，那个小伙子此刻会身处何地？他能不能读到这些提及他高贵的英雄事迹的文字呢？

　　不可计数的人在抵抗着不公的命运，这一点很容易验证，看看那些每天早起寻找工作的男男女女吧，他们辛勤劳动，只为了能养活自己的孩子，为了能有个住处，哪怕再卑微的工作他们也不在乎。你有没有想过，全国有多少人渴望获得尊重和公平？

　　成千上万的人，尽管都是"失败者"，却依然挤满各个广场进行示威，他们下定决心，要把真相从长期禁锢的状态中解救出来。在世界各地都出现了这种迹象，人们开

---

① 阿根廷西北部省份。

始高声呐喊："够了！"墨西哥的萨帕塔运动就是一个例子，还有其他所有警告我们，这个星球的未来正面临威胁的运动也是一样。

请记住，有人曾用一只山羊和一台象征性的纺车就击败了这个世界上最强大的帝国。① 一条可行的出路是，带领你这样的年轻人效仿甘地的方式发起抵抗，发起一场垂下双臂的"起义"，以此颠覆这种神庙被银行所取代的生活方式。

这种抵抗绝不意味着你可以待在高塔里，对身边的事情漠不关心。甘地曾警告说，"非暴力不合作就是对社会不公无动于衷"这种说法是个谎言。相反，我认为，我

① 山羊和纺车都与甘地相关。素食主义者甘地虽然不食用牛奶制品和酥油，但却在自己的饮食中添加山羊奶，有人认为，这种独特的饮食习惯可能在他坚持绝食的过程中发挥了重要作用。此外，甘地曾在狱中使用纺车，纺车也成了印度国家独立的象征之一。此句中"这个世界上最强大的帝国"指曾殖民印度的英国。

们也许需要利用无政府主义-基督教式的态度来指引我们的生活。

世界上已经没有疯子了，那个拉曼查人已经死了，沙漠里的那个古怪幽灵也已经死了。整个世界都已归于理智，一种可怕的、怪物般的理智。①

莱昂·费利佩为那种疯狂的缺席而遗憾，不过，那种疯狂曾在坚强的格瓦拉身上体现了出来，他放弃了一切优越的生活条件，"愚蠢地"深入玻利维亚的丛林进行战斗。他还饱受哮喘病的折磨，迎接他的似乎注定是穷途末路——仿佛他终将被残忍又恶心的昆虫啃噬。哪怕他错信了辩证唯物主义又有什么关系呢？这更证明了他的纯真和可

---

① 西班牙反法西斯诗人莱昂·费利佩（León Felipe，1884—1968）的诗歌《但是如今已经没有疯子了》（*Pero ya no hay locos*）的部分内容。

靠。他为那些"新人"而斗争，如今我们又急需将他们从历史的瓦砾中拯救出来。在最后写的一封信里，他对那些当了父亲的人说道："亲爱的老人们，我又一次感到驽骍难得①就在我的胯下，我把圆盾套在胳膊上，再次上路了。"他再次出发，寻找被里尔克称为"每个人自己的死亡"的命运。有人认为他很傻、很蠢，可那正是他的伟大之处；正是这些疯魔般的英雄主义行为每每将我们从不安中拯救出来，因为人类是不能离开英雄、圣徒和殉道者而活的。正是这些人向我们指明了通往重生的道路。

我们生活的这个时代，未来仿佛已被挥霍殆尽了。可如果危险已经变成了我们共同的命运的话，我们理应去回应那些呐喊着警醒我们的人。

---

① 堂吉诃德的坐骑。

不久之前，我在电视上看到一个女人带着卑微而动人的爱意在微笑。那位来自科连特斯或巴拉圭的母亲让我十分动容，在一个破旧的医院里，她看到自己的三胞胎儿女顺利降生，幸福得哭了起来。这些孩子可能也会和她其他的孩子一样，要在彼时已被巴拉那河的河水吞没的贫民窟中生活，可此时此刻，那位母亲丝毫没被这些想法击倒。我们难道无法在这些母亲身上看到上帝的影子吗？

谁说我们只能通过圣胡安·德拉克鲁斯①的诗歌和鲁奥的那些神圣的画作来接近上帝呢？

如果说末日已近，一切抵抗尽是荒谬，我们为何不停下脚步，想想这些圣人所做的事呢？他们的行为难道不恰恰证明，在"绝

---

① 圣胡安·德拉克鲁斯（San Juan de la Cruz，1542—1591），西班牙诗人、天主教神父。

对"之外还有别的东西存在吗？

我们不知道生活是否会在道路尽头等待着我们，像乞丐那样向我们伸出手来。

正是因为我们已经坠入谷底，才会生出这种疯狂或奇迹般的信仰。我们有必要去保卫延伸至大城市郊区的那些地方，因为那里生活着真正有血有肉的人。

当超发达的世界连同它的科学技术开始走下坡路时，在流放之地，人类会被从失去的统一性中拯救出来。也许，我们从这场邪恶的噩梦中醒来时，心痛于人性的空虚时，会想起自己曾经是勒内·夏尔的那句诗中描绘的样子："是跳跃的生命，而非盛宴的尾声。"

在咖啡馆里进行过那场谈话后，在听我说了那些话后，你跟我提到了你的不安，提到你害怕得颤抖了起来，而那颤抖依旧在持续。

你应该原谅我；尽管已经上了年纪，我却仍然无法在讲述重要事情的时候保持克制。

另一方面，有时颤抖也是具有重要意义的！因为它往往出现在我们做出撼动存在根基的决定之前，尽管那种决定会招致不解，可它最终会在他人的命运中悠扬回响。伟大的创造者在完成他们的作品时，也常常伴着类似的紧张状态。只有需要满怀激情去做的事业才配得上我们的热爱，其他事情就不值一提了。

我也想过逃离这个世界，是你们，用书信、用街头偶遇时的话语、用你们无依无靠的境况阻止了我。

那么，我想用生命临近尾声时的那种严肃语气向你们提议，我们不妨在承诺中拥抱彼此：让我们走向更广漠的世界，让我们为他人而冒险，让我们和同样张开双臂的人一起，等待新的历史浪潮将我们抬起。也许这一切已经在发生了，只不过是在暗中静静地发生的，就像在冬天的土壤里潜伏生长的嫩芽那样。

有些东西依然值得我们为之受苦和牺牲，例如人与人之间的联系，那是我们这些失败者的盟约。我们只剩下一座堡垒了，这没错，但它却闪耀光辉、坚不可摧。

在黑暗时代，那些懂得如何在夜间行走的人在帮助我们前行。请读读米格尔·埃尔南德斯①信中的句子吧，那是他在监狱里写下的，他最终在那里走向了死亡：

我们终将为一切失去却重新寻回的东西而举杯庆贺：自由、联系、快乐，以及那种拖动着我们翻山越岭寻觅彼此的隐秘情感。

请永远铭记这些以高贵的情操拯救了人

---

① 米格尔·埃尔南德斯（Miguel Hernández，1910—1942），西班牙诗人。

性的人。他们通过死亡把生命的至高价值交到了我们手上，向我们证明困境无法阻止历史迈动它的脚步，也提醒我们记住，只有乌托邦式的无疆畅想才是人类最佳的栖身之所。

　　只有那些有能力把乌托邦具象化的人才适合参加这场具有决定意义的战斗，这场寻回我们已失去的人性的战斗。

译后记

我在电脑里翻找，终于找到了那张获奖证书，上面写着："侯健同学，在西方语言文化学院'第六届文化节'活动中荣获翻译大赛西班牙语组一等奖。特发此证，以资鼓励。"落款是 2009 年 5 月。那是学院组织的活动，是个不起眼的小奖，但对我来说却有着非凡意义。那时的我刚刚对西班牙语文学产生浓厚的兴趣，正在如饥似渴地阅读巴尔加斯·略萨、豪尔赫·路易斯·博尔赫斯、加西亚·马尔克斯等人的作品，看着一位又一位西语译者前辈的名字，感觉翻译文学作品是那样遥不可及的事情，是那个翻译奖给了我一点微末的希望：也许有一天我也能翻译一本书？

　　我已经找不到当时的译文了，但还记得原文讲的是移民的故事，欧洲移民来到阿根廷的土地上，艰难地定居下来，却又时常回想起故乡的一切……我记得自己在动手翻译之前先查阅了关于翻译原文的资料，发现那是一个阿根廷作家的回忆录中的片段。在那之前，我已经读过他的一部作品了，叫《隧道》，那个作家是埃内斯托·萨瓦托，而原文的书名则是《终了之前》。十一年后，我回到了当时就读的西安外国语大学工作，也成为西班牙语文学翻译者，婉莹编辑找到我，询问我是否愿意翻译《终了之前》，我的思绪仿佛一下子被拉回到了那个遥远的日子里，那时，一个西班牙语专业大三学生捧着《终了之前》的片段译文，做着成为译者的荒唐美梦。此时，在写这篇译后记时，我又想起了萨瓦托本人在这本书里写下的那句话："命运的确总能让我们成为我们应当成为的那种人。"

　　萨瓦托在评价自己时使用了"固执""矛盾""个性让人难以忍受"这样的表述，这些性格特征也体现在他毅然放弃物理学可以带给他的金钱和地位，转而在受尽冷眼的情况下改行搞起了文学创作。这也是萨瓦托的人生经历中最令人惊叹的事件之一。实际上，萨瓦托做出上述选择的原因，与其说是对物理学的看低，倒不如说是他的思考重心由宏大的宇宙转移到了微小的个体。萨瓦托许多作品的标题恰好可以用来佐证这样的看法。他的第一部作品题为《个人与宇宙》，在萨瓦托看来，"它是一份见证，记录了我做出那让人焦虑的决定的漫长心理斗争过程，它也是我对那个纯净宇宙的回首和诀别"。1963 年，萨瓦托出版了《作家及其幽灵》，其中阐述的观点和巴尔加斯·略萨在八年之后出版的《加西亚·马尔克斯：弑神者的历史》中的看法大相径庭：作家的写作就像是一种驱魔行为，许多东西萦绕在作家脑海中，不写不快，只有把它们写出来才能摆脱那种被控制的状态。萨瓦托在被这样的"幽灵""附体"之后，想要再安心地进行物理学研究已经不可能了。此外，萨瓦托是个有极强责任心和使命感的人，多年之后的 1983 年，阿根廷军政府倒台之后，埃内斯托·萨瓦托被任命为阿根廷国家失踪者调查委员会（CONADEP）主席，负责调查在军政府统治期间消失的成千上万反对派人士，并为调查报告《永不》撰写前言。因此，在面对 20 世纪风起云涌的政治和历史形势时，在目睹普通群众的苦难和知识分子的癫狂后，抛下物理学，转而面对自己内心真正的"幽灵"，去描写个体的命运、思考人类的未来，萨瓦托的这种种选择也就不难被我们理解了。

对个体命运的思考也是贯穿《终了之前》始终的主题之一。和我们所有人一样，萨瓦托也经历过大大小小的失败，如今家喻户晓的名著《隧道》当年被阿根廷国内所有出版社拒绝出版，但萨瓦托始终怀着坚定的信念，没有真正放弃过。《终了之前》里有则逸事令我印象深刻，在巴黎岁月里，萨瓦托结识了西班牙画家奥斯卡·多明格斯，他们经常一起喝酒聊天、讨论艺术，"在某些让人害怕的时刻，尤其是在把酒喝完之后，自杀的话题就会被我们提起"，有一次，奥斯卡·多明格斯再次怂恿萨瓦托自杀，可哪怕处于"那个时期可怕的不稳定状态中"，萨瓦托依然斩钉截铁地回答道："不，奥斯卡，我还有别的计划"，而奥斯卡本人则"在毒品、酒精和女人中度过了生命的最后阶段。直到某个夜晚，他割腕自杀，鲜血染红了画架上的画布"。

　　萨瓦托能够走出阴霾，要感谢许多"贵人"，例如慷慨资助他出版《隧道》的朋友阿弗雷多·维斯，再如对《隧道》进行热情夸赞的阿尔贝·加缪，大概正因如此，萨瓦托深知"引路人"的重要性。在荆棘遍布的人生中，在黑暗环绕的绝望中，"有别的计划"和"鲜血染红了画架上的画布"的选择很可能只有一线之隔。这也正是萨瓦托下定决心撰写并出版《终了之前》的最重要原因。在这本书里，我们能够读到萨瓦托对童年生活的惆怅追忆，对妻子孩子的浓浓深情，对职业生涯的回头思考，但对一本"回忆录"来说，这样的内容在本书里却并没有占据压倒性的比重。很多时候，萨瓦托都是通过回忆人生中的某个瞬间、某个片段，来对读者，尤其是年轻读者，进行引导和启发。在本书前言中，萨瓦托已经对此进行了说明，人们对萨瓦托说："你有义务做这件事，因为年轻人们绝望又焦虑，可他们信任你，你不能辜负他们。"萨瓦托在思考之后的回应是："我不想伤害他们的感情，我想用最婉转的方式告诉他们：在这样一个混乱的时代，他们需要对某些人抱有某种信念"，不过"他们无法在这本书里看到那些最残酷的真相，他们只会在我的虚构文学作品中找到它们"。换句话说，读者可以在《隧道》《英雄与坟墓》和《毁灭者亚巴顿》中找到关于这个世界的最残酷的真相，但读者完全不必感到沮丧和绝望，因为他们还有手头的这本《终了之前》，它将带给读者新的勇气、新的信念。

在我想来，《终了之前》的书名既指萨瓦托的人生道路终了之前，也指此书成书于20世纪终了之前，又也许还指种种天灾人祸可能"终了"人类之前。尽管涉及如此之多的"终了"，但我们毕竟还处在"之前"的时间位置上，萨瓦托将世间的种种苦难展现在我们面前，但他的笔触不是悲观的，而是激昂的，他希望我们所有人都能够行动起来，将不可能化为可能，把绝望化作希望，就像许多年前那位抛下荣耀坦途，敢于直面自我、直面"幽灵"，勇于接受命运向他发出的挑战的阿根廷年轻人一样。

他胜利了，他将永远活在终了之前，因为他的文字还在。

侯　健

2022 年 9 月 5 日于西安外国语大学